ЭСТЕТИЧЕСКИЕ РЕСУРСЫ МОРФОЛОГИЧЕСКИХ КАТЕГОРИЙ СУЩЕСТВИТЕЛЬНЫХ (НА МАТЕРИАЛЕ РУССКОЙ ПОЭЗИИ XX ВЕКА)

俄语名词词法美学潜能研究

——以二十世纪俄罗斯诗歌为例

ЧЖАН СИНЬСИНЬ

张欣欣

吉林大学出版社

·长春·

图书在版编目（CIP）数据

俄语名词词法美学潜能研究：以二十世纪俄罗斯诗歌为例：俄文 / 张欣欣著. -- 长春：吉林大学出版社，2023.5

ISBN 978-7-5768-1724-9

Ⅰ.①俄… Ⅱ.①张… Ⅲ.①俄语－词法－美学－研究 Ⅳ.①H354.1

中国国家版本馆CIP数据核字(2023)第113968号

书　　名：俄语名词词法美学潜能研究——以二十世纪俄罗斯诗歌为例
EYU MINGCI CIFA MEIXUE QIANNENG YANJIU——YI ERSHI SHIJI ELUOSI SHIGE WEI LI

作　　者：张欣欣
策划编辑：刘子贵
责任编辑：矫　正
责任校对：安　斌
装帧设计：雅硕图文
出版发行：吉林大学出版社
社　　址：长春市人民大街4059号
邮政编码：130021
发行电话：0431-89580028/29/21
网　　址：http://www.jlup.com.cn
电子邮箱：jldxcbs@sina.com
印　　刷：天津和萱印刷有限公司
开　　本：787mm × 1092mm　1/16
印　　张：13.75
字　　数：200千字
版　　次：2023年5月　第1版
印　　次：2023年5月　第1次
书　　号：ISBN 978-7-5768-1724-9
定　　价：78.00元

序　言

“美学潜能”指的是一事物或现象潜藏着一定的审美属性，通过人们的欣赏能够产生一定的审美效应。在语言学领域，从20世纪70年代开始，众多语言学家开始关注语言单位的审美潜能问题。那些打破语言惯例、违反语法规则却能够使作为受众的人产生审美体验的语言资源，即是具有审美潜能的语言单位。应用于文学作品中的语言单位的审美潜能，能够使读者获得脱离标准语言规则之外的审美自由与审美体验。语言单位的审美潜能研究是现代语言学和语言教学法的重要研究方向之一。在实现语言美学功能问题上，语言的词法手段特别是名词是最活跃的，也是最值得关注的，这是由名词的语义特征和其修辞表现潜能所决定的。鉴于名词性范畴审美潜能前期已有研究，所以本书仅系统地研究了俄语名词数范畴和格范畴在20世纪诗歌中的审美潜能问题。本书以名词数范畴和格范畴为研究客体，其美学潜能为研究对象，收集在俄语语料库中的20世纪俄罗斯诗歌以及А.Ахматова, А.Вознесенский, Ю.Друнина, Е.Евтушенко, С.Есенин, В.Иванов, В.Маяковский, М.Цветаева等诗人出版在20世纪的部分诗歌集为语言材料。搜集的实例超过2000个。

俄语名词词法范畴美学潜能研究可以从多个角度进行。本书根据可研究性和实例的数量分别从美学范畴（эстетические категории）、诗歌的韵律和格律（версификация стихотворных текстов）、诗歌的形象性（образность текста）及修辞手法（стилистические приемы）四个方面探讨俄语名词数范畴和格范畴的美学潜能问题。

本书由引言、三个章节、结论、参考文献和两个附录组成。

引言中对本书的相关性、现实基础、创新性、理论意义、实践意义、研究目的、研究的原则、方法以及任务等问题进行阐述。

第一章“词法范畴美学研究的理论基础”确定了作者对一些争议问题的理解。第一节分析语言美学的理论基础，认为对语言单位（其中包括名词数范畴和格范畴）的美学功能的分析还不系统，还需要进一步用整合的方法全面地、综合地去研究语言单位、言语使用以及在具体语言环境中作者的个人风格等整体的语言美学问题。第二节确定本书的研究方向，即：美学范畴、诗歌的韵律和格律、诗歌的形象性及修辞手法四个方面，在接下来的四个小节中分别探讨以上四个方面的理论基础。

第二章“名词数范畴及其美学潜能”分析了名词数范畴的重要特征及其在诗歌作品中的美学潜能问题。第一节研究的是名词数范畴的语言学理论，认为俄语名词数范畴是具有结构意义、反映必要词形变化的语义范畴；第二节分析了名词数范畴的语义基础；第三节探讨了名词数范畴的美学理论；第四节提出实现名词数范畴美学潜能的各种因素，如名词数范畴的语义特征、不典型词缀、数范畴不完全聚合体、复数形式变体、多义词、同音现象等；第五节分别从美学范畴、诗歌的韵律和格律、诗歌的形象性及修辞手法四个方面研究名词数范畴的审美潜能问题，提出：①具有概括-集合意义的单数名词、复数形式的古词和多义词或复数形式的同音异义词可以实现崇高的艺术效果，而同音异义词、多义词、专有名词的复数形式等可以创造喜剧的艺术效果；②俄语名词复数形式的变体、古词、对数词以及故意违规语法规则的复数名词可以完成诗歌中的韵律和格律；③具体名词和singularia tantum的复数形式往往可以创造诗歌的艺术形象；④运用俄语名词数范畴可以实现13种修辞手法，即аллеотета, амплификация, антанаклаза, антитеза, гипербола, гомеоптотон, каламбур, метонимия, прономинация, рифма, синекдоха, солецизм, эхо-рифма。

第三章“名词格范畴及其美学潜能”分析了名词格范畴的重要特征及其在诗歌作品中的美学潜能问题。第一节探讨了名词格范畴的语言学理论，认为俄语名词格范畴是具有形态句法特征、结构意义、反映必要词形变化的语义范畴；第二节分析了名词格范畴的语义基础；第三节探讨了名词格范畴的美学理论；第四节提出实现名词格范畴审美潜能的各种因素，如名词格范畴变体、格范畴不完全聚合体、不变格名词的格变化、不同名词同一格形式的重复使用以及同一名词的不同格的使用等；第五节分别从美学范畴、诗歌的韵律和格律、诗歌的形象性及修辞手法四个方面具体分析名词格范畴的审美潜能问题，提出：①名词格范畴变体形式通常可以创造崇高艺术现象以及实现诗歌中的韵律与格律；②违反语法规则的名词格的现象往往能够创造喜剧效果；③名词间接格（特别是二、三、五、六格）的使用经常可以加强诗歌中的艺术形象；④同一名词的不同格的重复使用常常可以创造喜剧效果；⑤使用俄语名词格范畴可以实现14种修辞手法，即амплификация, амфитеза, анафора, антанаклаза, генитивная метафора, гомеоптотон, именительный тема, метаморфоза, полиптот, риторическое обращение, рифма, солецизм, хиазм, эхо-рифма。在第三章的结尾基于搜集的实例，笔者对俄语名词数范畴和格范畴美学潜能进行了对比分析，指出在表达美学范畴方面数范畴的功能手段更丰富，而在完成诗歌的韵律和格律、创造艺术形象性以及修辞手法方面格范畴的功能性更强。

在结论中笔者进行了总结。附录中列举了用名词数范畴和格范畴实现的修辞手法的例句。

本书以俄罗斯“喀山语言学派”的基本思想为理论基础，不仅利用基础的语言概念理论，还利用更丰富的人文信息基础，按照文艺学、美学观点，从语言学视角去分析问题，从而为分析在语言体系内部创立美学效果提供可能。在文艺学领域中引入科学信息，从文学作品的基本范畴观察语言的美学功能，是笔者主要的研究目的与思路。在研究过程中，本书运用了整体、系统的方式分析语言单位，并系统地描述俄语名词词法的美学潜能问题。作为主要的语言分析方法，本书采用了观察、比较、分类、总结、描述-分析、语义-修辞、分配、统计等研究方法。

本书由笔者的博士论文整理而成，用俄文创作，成书过程中得到博士生导师、俄罗斯喀山联邦大学知名学者Г.А.Хайрутдинова教授的悉心指导，深表感谢。本书也是教育部人文社会科学研究青年基金项目《基于语料库的俄语名词词法范畴的审美潜能探索——以二十世纪诗歌为例》的终期成果，由吉林财经大学、国际经济贸易学院资助出版。

从学术方面看，本书既开辟了对诗歌中词汇美学功能研究的新方向，同时又将修辞学与美学相结合。名词词法的美学潜能探索为解释与功能相关的现代语法现象、分析其美学功能提供了很大的可能性。名词的美学功能研究可以为其他词类（如动词、形容词、副词等）的美学潜能研究提供一种范式，对于修辞问题的进一步探索及翻译理论的不断完善都是十分必要的。本书得到俄罗斯别尔哥罗德国立民族研究大学俄语与俄罗斯文化教研室В.К.Харченко教授、俄罗斯圣彼得堡国立影视学院新闻教研室主任Е.И.Лелис教授、俄罗斯玛林斯基国立大学俄语文学新闻教研室主任Е.П.Карташова教授等国内外著名学者的高度评价。

由于作者水平有限，经验不足，书中不尽完善之处在所难免，欢迎各位专家和同仁的批评指正。

张欣欣

2023年2月于长春

ОГЛАВЛЕНИЕ

ВВЕДЕНИЕ

Богатство языка определяется не только объемом словарного запаса и развитыми грамматическими структурами, но также эстетическими свойствами языковых единиц. Именно эти свойства языковых элементов, функционирующих в тексте литературного произведения, формируют его художественную ценность как произведения искусства.

Описание эстетического потенциала языковых средств теснейшим образом связано со степенью изученности элементов языковой системы, что представляет собой одну из фундаментальных проблем лингвистики.

Вопросы анализа языковых средств в аспекте их эстетического воздействия на реципиента уже освещались в ряде филологических работ. Значительное внимание уделено эстетическим свойствам единиц лексического и фонетического уровней (труды Е.Г.Ковалевской, Б.А.Ларина, Е.И.Лелис, Е.Н.Матвеевой, Л.А.Новикова, Н.В.Черемисиной).

В работах А.А.Потебни, Р.О.Якобсона, Г.О.Винокура, И.А.Ионовой, С.В.Ковалева и др. нашли отражение и некоторые вопросы анализа морфологических средств русского языка, в том числе грамматических форм числа и падежа существительных, рассматриваемых в качестве эстетически значимых элементов текста. Так, в «Теоретической поэтике» А.А.Потебни при описании стилистических приемов было указано и на использование в их составе грамматических форм числа.① В качестве одной из особенностей индивидуального стиля В.Маяковского отмечалось частое употребление в его стихотворных произведениях плюральных форм существительных.② Выразительные возможности категорий числа и падежа на материале произведений художественной литературы выявлены В.П.Ковалевым. Указано, в частности, что ненормативные падежные формы могут использоваться для речевой характеристики персонажей или для достижения комического эффекта.③ Анализу выразительности грамматических форм числа, употребляемых в стихотворных текстах, посвящена статья О.Г.Ревзиной «Категория числа в поэтическом языке». В то же время некоторые наблюдения автора имеют отношение и к проблеме описания эстетического потенциала категории числа.④ Выразительные возможности форм падежа и числа существительных, функционирующих в стихотворных произведениях, исследовались И.А.Ионовой. Отмечена также выразительность категории падежа в связи с анализом морфологического выражения одушевленности / неодушевленности существительных, стилистически маркированных падежных вариантов, архаических форм звательного падежа. Определено, что признак одушевленности / неодушевленности существительных иногда используется для создания художественных образов.⑤ При рассмотрении стилистической активности грамматических форм существительных выявлена, в частности,

① Потебня А.А. Теоретическая поэтика [М]. М.: Высш. шк., 1990: 344.

② Винокур Г.О. О языке художественной литературы: учеб. пособие для филол. спец. вузов [М]. М.: Высш. шк., 1991: 448.

③ Ковалев В.П. Выразительные средства художественной речи [М]. Киев: Рад. шк., 1985: 136.

④ Ревзина О.Г. Категория числа в поэтическом языке. Актуальные проблемы русской морфологии [М]. М.: Изд-во МГУ, 1988: 66-79.

⑤ Ионова И.А. Морфология поэтической речи [М]. Кишинев: Штиинца, 1988: 164.

повышенная экспрессивность форм единственного числа, особенно часто развивающих метафорические значения.[①] В коллективном труде по поэтической грамматике проанализированы некоторые индивидуальные черты использования форм числа в произведениях русских поэтов.[②] В научных работах Г.А.Хайрутдиновой при описании эстетических ресурсов морфологических средств русского языка отмечены и некоторые случаи употребления форм числа и падежа существительных.[③] Таким образом, проблема эстетики категорий падежа и числа существительных еще не получила полного, системного освещения. Есть лишь отдельные наблюдения, касающиеся изучения эстетических возможностей данных категорий. Всестороннее описание эстетических ресурсов грамматического числа и падежа русских субстантивов отсутствует.

Актуальность темы монографии обусловлена значимостью исследования эстетического потенциала морфологических категорий существительных, в первую очередь категорий падежа и числа, для более полного описания грамматической системы русского языка и ее стилистических возможностей. Научная востребованность и перспективность нашей работы обеспечиваются также ее эмпирическим материалом, так как ориентация стихотворной речи на максимальную экспрессию ведет, как известно, к усилению эстетической мотивированности не только слов, но и их грамматических форм. Выбор в качестве материала

---

① Голуб И.Б. Грамматическая стилистика современного русского языка: учебное пособие [M]. М.: Высш. шк., 1989: 208.

② Ковтунова И.И. Поэтическая грамматика. (Том I) [M]. М.: ООО Издательский центр «Азбуковник», 2005: 429.

③ Хайрутдинова Г.А. Эстетические ресурсы морфологических средств русского языка: автореф. [D]. Казань: Изд-во Казан. ун-та, 2009: 45.

Хайрутдинова Г.А. Эстетические ресурсы русского языка [M]. Казань: Изд-во Казан. ун-та, 2016: 170.

изучения поэтических произведений XX века обусловлен динамикой литературных процессов, характерных для данной эпохи, значительным разнообразием литературных направлений, художественных методов и авторских идейно-эстетических установок, способствовавших в том числе и реализации интенциональности (термин А.В.Бондарко) при употреблении грамматических единиц. Исследования такой направленности связаны с дальнейшей разработкой ряда актуальных проблем русской грамматики, а также развитием исследований в области прагматики, а именно в плане эстетического воздействия стихотворного текста на адресата.

Объектом исследования стали морфологические категории числа и падежа существительных. Выбор именно этих морфологических категорий определяется тем, что другие категории существительных – одушевленности / неодушевленности и рода – с учетом описания их эстетических возможностей уже получили освещение в лингвистической литературе. Вопросы, связанные с выразительностью, поэтикой категории одушевленности / неодушевленности, а также некоторые аспекты анализа эстетики данной категории рассматривались в трудах Я.И.Гина, И.А.Ионовой, В.П.Ковалева. Комплексный анализ эстетического потенциала категории рода на материале поэтических и прозаических произведений представлен в работах Г.А.Хайрутдиновой.

Предметом нашего исследования являются эстетические ресурсы категорий числа и падежа русских субстантивов.

Цель исследования – комплексный анализ эстетических ресурсов грамматических форм числа и падежа существительных, функционирующих в произведениях русской поэзии XX века. Для реализации этой цели потребовалось решение следующих **задач**:

1) изучить научную литературу по проблеме эстетических ресурсов

языковых единиц, в том числе грамматических форм числа и падежа существительных, а также работы, посвященные морфологическим категориям числа и падежа;

2) определить теоретические основы, касающиеся трактовки категорий числа и падежа существительных;

3) выявить основные аспекты анализа форм числа и падежа существительных в контексте рассматриваемой проблемы;

4) установить предпосылки, способствующие актуализации эстетических возможностей форм числа существительных;

5) определить предпосылки, благодаря которым реализуются эстетические потенции падежных форм;

6) осуществить анализ данных грамматических единиц как эстетически значимых элементов поэтического текста с точки зрения отражения эстетических категорий, реализации особенностей поэтической речи, создания образности текста и его композиционной организации.

При проведении исследования в качестве основных были использованы следующие **методы**: наблюдение, сравнение, классификация, обобщение, описательно-аналитический, семантико-стилистический, дистрибутивный и количественный.

Теоретическую основу нашего исследования составили работы А.В.Бондарко, Л.Н.Булатовой, В.В.Виноградова, А.А.Зализняка, Е.В.Клобукова, И.Г.Милославского, Г.И.Пановой, В.А.Плотниковой, О.Г.Ревзиной (по проблеме морфологических категорий существительных); Г.О.Винокура, Б.А.Ларина, В.П.Москвина, Л.А.Новикова, А.А.Потебни, Н.В.Черемисиной, Д.Н.Шмелева, Г.Г.Шпета, Р.О.Якобсона (по эстетике языковых единиц); В.И.Авдеева, Ю.Б.Борева, В.В.Бычкова, С.С.Гусева, Б.Дземидока, М.А.Рюминой, Г.Л.Тульчинского, Е.Г.Яковлева (по природе эстетических категорий); Н.С.Валгиной, М.Л.Гаспарова, Л.Я.Гинзбург, Ю.М.Лотмана, Н.В.Черемисиной, В.Е.Холшевникова (по анализу поэтической речи); Н.Д.Арутюновой, О.И.Блиновой, Е.Б.Борисовой, В.В.Виноградова, Н.А.Лукьяновой, В.П.Москвина, А.И.Федорова, Д.Н.Шмелева, Е.А.Юриной (по образности языковых единиц); Н.В.Васильевой, Т.В.Жеребило, В.П.Москвина, С.Е.Никитиной, Л.А.Новикова, А.П.Сковородникова (по композиционной организации текста).

Материалом исследования послужили тексты стихотворных произведений XX века, извлеченные из «Национального корпуса русского языка» [НКРЯ], а также ряда поэтических сборников (А.Ахматовой, А.Вознесенского, Ю.Друниной, Е.Евтушенко, С.Есенина, В.Иванова, В.Маяковского, М.Цветаевой и др.). Собранная картотека включает более 2000 примеров. Работа была выполнена с привлечением ряда лингвистических словарей и справочных изданий.

Научная новизна работы определяется комплексным анализом эстетических ресурсов категорий числа и падежа существительных. В ходе проведенного исследования установлены направления анализа, создающие условия для изучения широкого языкового материала, что позволяет обеспечить достоверность полученных результатов. Впервые определены предпосылки, способствующие реализации эстетических возможностей категорий числа и падежа русских субстантивов. Проведено исследование данных категорий с точки зрения характеристики их эстетического потенциала. Выявлены особенности функционирования грамматических форм числа и падежа существительных в плане отражения эстетических категорий возвышенного и комического, закономерностей версификации, создания образности поэтического текста и его композиционной организации. Впервые представлены результаты сравнительного анализа эстетических ресурсов категорий падежа и числа русских субстантивов.

Теоретическая значимость исследования определяется тем, что оно способствует расширению и углублению теоретических основ грамматической стилистики русского языка, а также развитию концепции художественной речи. Проведенный анализ грамматических форм числа и падежа существительных, функционирующих в стихотворных произведениях русских авторов, подтверждает перспективность используемого в работе подхода к пониманию эстетических ресурсов языковых единиц. Полученные обобщения позволяют дать системную характеристику эстетического потенциала категорий числа и падежа существительных. Результаты изучения эстетических ресурсов грамматических форм субстантивов могут послужить научной основой для проведения сопоставительных исследований на материале двух и более языков.

Практическая значимость связана с возможностью использования результатов данной научной работы в процессе изучения поэтической речи, а также в преподавании вузовских курсов по морфологии русского языка, грамматической стилистике, риторике, филологическому анализу стихотворных текстов. Полученные в ходе исследования наблюдения и выводы могут найти применение при составлении учебных пособий по морфологии, стилистике, поэтических словарей, а также в практике перевода.

Положения данной работы:

1. Морфологические категории числа и падежа существительных относятся к числу грамматических объектов, которые представляют значительный научный интерес не только с точки зрения описания их семантики, структурных особенностей, но и в плане освещения их эстетических возможностей. Исследования подобного рода позволяют дополнить и уточнить научные представления о стилистических возможностях грамматических

средств языка.

2. Рассмотрение проблемы эстетического потенциала морфологических категорий существительных представляет собой проблему междисциплинарного плана, при изучении которой необходимо привлечение теоретических сведений из смежных научных областей – эстетики и литературоведения.

3. Наиболее продуктивным при исследовании языковых единиц (в том числе средств морфологии) с точки зрения их эстетических ресурсов является широкий подход к трактовке этой проблемы. Основу обозначенного подхода составляет концепция эстетического как наиболее общей, фундаментальной категории эстетики.

4. Эстетические возможности категорий числа и падежа существительных могут быть исследованы по ряду аспектов. Наибольшей продуктивностью обладает их изучение с точки зрения отражения определенной эстетической категории (возвышенного, комического), формирования образности текста, его композиционной организации, особенностей версификации.

5. Осмыслению категорий числа и падежа как грамматических объектов способствует определение предпосылок, позволяющих реализовать их эстетические возможности. В качестве наиболее значимых выступают те предпосылки, которые связаны с особенностями семантики данных категорий, их парадигматики, явлением вариантности грамматических единиц.

6. С целью получения точных, достоверных сведений об эстетических ресурсах категорий падежа и числа существительных целесообразно изучать их в соответствии с определенным аспектом исследования, о чем свидетельствуют данные сравнительного анализа. Так, при отражении возвышенного и комического чаще используются грамматические формы числа, в отличие от падежных форм. В плане остальных трех аспектов исследования отмечена бóльшая активность падежных форм,

что обеспечивается главным образом за счет реализации специфики стихотворной речи и создания художественного образа.

Структура монографии.

Данная работа состоит из введения, трех глав, заключения, библиографии и двух приложений.

Во введении обосновываются актуальность, научная новизна изучаемой проблемы, ее теоретическая и практическая значимость; определяется материал, привлекаемый для анализа; излагаются теоретические основы и методологические принципы исследования; формулируются цель, задачи, структура монографии.

Глава I «Теоретические основы исследования эстетических возможностей морфологических категорий» содержит результаты анализа лингвистических работ, в которых представлены наблюдения над использованием языковых единиц, в том числе грамматических средств русского языка, с точки зрения актуализации их эстетического потенциала. Дан обзор имеющихся в научной литературе интерпретаций понятия эстетики грамматических единиц. Определена авторская позиция по данному вопросу; рассмотрены направления анализа эстетических ресурсов грамматических форм существительных.

В главе II «Морфологическая категория числа имен существительных и ее эстетический потенциал» рассмотрен статус грамматического числа субстантивов в контексте теории морфологических категорий. Установлены предпосылки, способствующие реализации эстетических потенций категории числа. Проведен анализ эстетических возможностей категории числа существительных с точки зрения отражения эстетических категорий, реализации особенностей поэтической речи, создания образности текста и его композиционной организации.

В главе III «Категория падежа имен существительных и ее эстетические возможности» освещаются вопросы, связанные с важнейшими особенностями падежной системы русских субстантивов. Выявлены предпосылки, способствующие актуализации эстетических ресурсов данной категории. В рамках ряда направлений анализа определены особенности функционирования падежных форм существительных как эстетически значимых элементов поэтического текста. Изложены выводы, касающиеся сравнительного анализа эстетического потенциала категорий падежа и числа существительных.

В заключении представлено обобщение результатов проведенного исследования, определены перспективы изучения проблемы эстетики морфологических категорий.

Апробация работы. Основные положения данного исследования были предметом обсуждения на 8 международных и региональных конференциях: «Русский язык и славянский мир» (Казань, 2015), «И.А.Бодуэн де Куртенэ и мировая лингвистика (V Бодуэновские чтения)» (Казань, 2015), «Текст: проблемы и перспективы. Аспекты изучения в целях преподавания русского языка как иностранного» (Москва, 2015), «Научное наследие В.А.Богородицкого и современный вектор исследований Казанской лингвистической школы» (Казань, 2016), «И.А.Бодуэн де Куртенэ и мировая лингвистика (VI Бодуэновские чтения)» (Казань, 2017), «Актуальные вопросы филологической науки XXI века» (Екатеринбург, 2018) и др.

Результаты исследования отражены в 14 научных работах автора, из них 4 статьи опубликованы в ведущих российских периодических изданиях, рекомендованных ВАК РФ, 1 статья опубликована в журнале, входящем в БД WoS.

ГЛАВА I ТЕОРЕТИЧЕСКИЕ ОСНОВЫ ИССЛЕДОВАНИЯ ЭСТЕТИЧЕСКИХ ВОЗМОЖНОСТЕЙ МОРФОЛОГИЧЕСКИХ КАТЕГОРИЙ

1.1 Трактовка понятия «эстетика языковых единиц»

Вопросы, связанные с описанием эстетических ресурсов языковых единиц, в современной лингвистике понимаются неоднозначно. У языковедов нет единого мнения, касающегося понимания сущности эстетического потенциала языковых единиц; не исследованы в полной мере те средства языка, которые способны вызывать эстетическую реакцию адресата речи. При этом следует отметить, что наиболее часто ученые обращались к описанию эстетических свойств лексических, синтаксических и фонетических средств русского языка (см. работы Л.И.Донецких, Н.Н.Лавровой, Л.А.Новикова, В.К.Харченко, Н.В.Черемисиной и др.).

Одна из первых попыток осмысления этой проблемы представлена в работах А.А.Потебни. Ученый предложил оригинальную трактовку рассматриваемого вопроса. С его точки зрения, в слове следует различать три аспекта: внешнюю форму (то есть звучание), содержание, объективируемое посредством звука, и внутреннюю форму, или ближайшее этимологическое значение слова. Лишь в тех случаях, когда в слове явственно различаются эти три момента, возможно такое его понимание, которое доставляет эстетическое наслаждение. Конкретизируя свою мысль, А.А.Потебня пишет: «Положим, кто-нибудь знает, что литовское *báltas* значит добрый (может быть, ласковый, милый); ему даны в этом слове очень определенные звуки и не менее определенное содержание, но эстетическое понимание этого слова ему не дано, потому что он не видит, почему именно эти сочетания звуков, а не сотня других должны означать доброту и проч.». «Если затеряна для сознания связь между звуком и значением, то звук перестает быть *внешнею* формою в эстетическом значении этого слова». «Для восстановления в сознании красоты слова *báltas* нужно знание, что известное нам его содержание условлено другим, именно значением белизны: *báltas* значит добрый и проч. потому, что оно значит белый».[①] Следовательно, эстетика языковых единиц, по мнению ученого, раскрывается через осознание связи между внешней (звуковой) стороной слова и его ближайшим этимологическим значением. При этом эстетическая ценность языковой единицы определяется с ориентацией на категорию прекрасного.

Научный интерес представляют также взгляды других ученых. Так, Г.Г.Шпет полагает, что слово как сущая данность не есть само по себе предмет эстетический. Нужно анализировать формы его данности, чтобы найти в его структуре моменты, поддающиеся эстетизации. Под эстетическими моментами разумеются такие моменты в структуре слова, которые связаны с эстетическим переживанием (опытом). «Эстетическое, «прекрасное», resp. «безобразное», требует особой установки, не чувственной и не идеальной,

① Потебня А.А. Эстетика и поэтика [М]. М.: Искусство, 1976: 175-177.

a suigeneris».① По мнению ученого, ни с каким членом структуры слова эстетическое восприятие исключительно не связано. В целом оно «сказывается как сложный конгломерат переживаний, фундированных на всех моментах словесной структуры».② Если иметь в виду языковые средства эстетизации, то, по мнению ученого, эстетический характер может иметь восприятие некоторых акустических элементов. При этом указывается, что эстетические свойства слова определяется не одними только гласными звуками. Метрическое сочетание гласных, ритм, периодическое повторение звуков, рифма и т.п. также могут рассматриваться в своей эстетической ценности.③ Определенную эстетическую роль могут играть и грамматические формы слова, связанные с выбором варианта типа *дней – дён*. Некоторые морфологические архаизмы могут нарушать или возбуждать эстетическое впечатление.④

Довольную широкую известность по этому вопросу получили высказывания Р.О.Якобсона. Рассматривая различные функции языка, ученый характеризует также поэтическую (эстетическую) функцию. Сущность этой функции состоит в том, что она проецирует принцип эквивалентности с оси селекции на ось комбинации.⑤

Согласно мнению ученого, эстетическая функция языка является одной из самых важных и неотъемлемых.⑥ Значительное внимание в своих работах Р.О.Якобсон уделяет эстетическим возможностям

① Шпет Г.Г. Сочинения [М]. М.: Правда, 1989: 383, 432.

② Шпет Г.Г. Сочинения [М]. М.: Правда, 1989: 430.

③ Шпет Г.Г. Сочинения [М]. М.: Правда, 1989: 435-437.

④ Шпет Г.Г. Сочинения [М]. М.: Правда, 1989: 438-439.

⑤ Якобсон Р.О. Лингвистика и поэтика [М] // Структурализм: «за» и «против». М.: Прогресс, 1975: 204, 206.

⑥ Якобсон Р.О. Основа славянского сравнительного литературоведения [М] // Работы по поэтике: Переводы. М.: Прогресс, 1987: 24.

морфологических средств языка. Так, отмечается, что разнесение слов по разным грамматическим родам увеличивает возможности персонификации неодушевленных предметов и тем самым становится движущей силой поэтической мифологии.① В результате анализа поэмы А.С.Пушкина «Медный Всадник» Р.О.Якобсон делает вывод о том, что в этом произведении интенсивно реализуется драматический потенциал русских морфологических категорий, в особенности глагольной категории вида.② Обобщение наблюдений над использованием грамматических средств в стихах А.С.Пушкина позволяет исследователю говорить об актуализации в его произведениях грамматических противопоставлений, особенно в области глагольных и местоименных форм. С точки зрения Р.О.Якобсона, «нередко отношения контраста, близости и смежности между грамматическими временами и числами, глагольными видами и залогами играют непосредственно главенствующую роль в композиции того или иного стихотворения; подчеркнутые фактом вхождения в конкретную грамматическую категорию, эти отношения приобретают эффект поэтических образов, и мастерское варьирование грамматических фигур становится средством повышенной драматизации поэтического использования морфологических возможностей».③

С точки зрения А.И.Ефимова, важнейшим признаком, который отличает стиль художественной литературы от других стилей, является его эстетическая функция, связанная с представлениями о прекрасном.④

---

① Якобсон Р.О. Основа славянского сравнительного литературоведения [М] // Работы по поэтике: Переводы. М.: Прогресс, 1987: 37.

② Якобсон Р.О. Основа славянского сравнительного литературоведения [М] // Работы по поэтике: Переводы. М.: Прогресс, 1987: 33.

③ Якобсон Р.О. Заметки на полях лирики Пушкина [М] // Работы по поэтике: Переводы. М.: Прогресс, 1987: 215.

④ Ефимов А.И. Стилистика русского языка [М]. М.: Просвещение, 1969: 15.

К сфере прекрасного исследователь относит, например, восприятие благозвучных слов. Кроме того, эстетическими свойствами обладают слова, которые связаны с традиционной «поэтической» тематикой (*соловей, роща, поля, небеса* и др.).[1]

Как считает Б.А.Ларин, систему применения языковых элементов в литературных видах речи определяют их эстетические свойства.[2] Анализ употребления слов под эстетическим углом зрения приводит ученого к мысли о том, что в этих случаях языковая единица имеет не самостоятельную функцию, а поглощенную, оттеночную. Слово, реализующее эстетическую функцию, «необязательно, даже неожиданно по поводу данной реалии, но незаменимо, как выражение модального качества мысли, целесообразно для передачи психической среды сообщаемого логического содержания».[3] Б.А.Ларин полагает, что «суггестивность, не сполна договоренность художественного текста может быть правильно разгадана только из целого. Тем самым обнаруживается непринудительность, потенциальность эстетических свойств слова».[4] Интересен прогноз ученого относительно развития исследований в этой области: по его мнению, рано или поздно «эстетика языка будет признана наукой не только за ее обособленные pia desideria, но по своим достижениям».[5]

Д.Н.Шмелев проявление эстетической функции языка соотносит с оценкой говорящим применяемого им способа выражения. Ученый имеет в виду те случаи, когда реализуются образные свойства языковых единиц,

---

① Ефимов А.И. Стилистика художественной речи [М]. М.: Изд-во Моск. ун-та, 1961: 115-116.

② Ларин Б.А. Эстетика слова и язык писателя [М]. Л.: Худож. лит., 1974: 28.

③ Ларин Б.А. Эстетика слова и язык писателя [М]. Л.: Худож. лит., 1974: 33.

④ Ларин Б.А. Эстетика слова и язык писателя [М]. Л.: Худож. лит., 1974: 34-35.

⑤ Ларин Б.А. Эстетика слова и язык писателя [М]. Л.: Худож. лит., 1974: 28.

становится ощутимой звуковая организация речи, осознается языковая мотивированность используемых элементов текста.[①] Значительное внимание ученый уделяет проблеме создания образности художественного текста. По его мнению, в некоторых случаях грамматическая характеристика слова может в известном смысле влиять на формирование самого художественного образа. При этом Д.Л.Шмелев имеет в виду, в частности, метафорическую характеристику предметов, их «олицетворение» с учетом грамматического рода соответствующих существительных.[②] Автор считает, что употребление устаревших или просторечных форм в художественной литературе оказывается оправданным лишь в тех случаях, когда оно служит речевой характеристике персонажей или каким-либо специальным задачам стилизации.[③]

С точки зрения Л.А.Новикова, художественный текст представляет собой сложную структуру. В качестве одного из уровней художественного текста ученый называет эстетическую речевую систему. Она представляет собой функционирующую в художественном тексте систему изобразительных средств языка, посредством которых выражается идейно-эстетическое содержание литературного произведения. По мнению исследователя, языковой уровень обнаруживает, в свою очередь, различные ярусы: лексический (семантический), грамматический (морфологический и синтаксический), словообразовательный, фонетический и др.[④] Слово, используемое в тексте литературного произведения, приобретает

① Шмелев Д.Н. Слово и образ [М]. М.: Наука, 1964: 101-102.

② Шмелев Д.Н. Слово и образ [М]. М.: Наука, 1964: 87.

③ Шмелев Д.Н. Слово и образ [М]. М.: Наука, 1964: 84.

④ Новиков Л.А. Художественный текст и его анализ [М]. М.: Рус. яз., 1988: 15,17.

свойства эстетически значимого элемента.① Благодаря своей эстетической функциионо становится неповторимым, индивидуальным по своему употреблению. В соответствии с этим выявление эстетической значимости элементов текста можно считать одной из важнейших задач лингвистического анализа.②

По концепции Л.А.Новикова, все единицы языка могут выполнять эстетическую функцию, однако, как правило, ее реализуют «удавшиеся выражения» поэтического языка, именно они привлекают внимание читателя ввиду «ощутимости» своей структуры. Поэтому к языку литературного произведения, представляющего собой эстетически организованную систему, вполне применимо сравнение – язык как искусство.③

Л.А.Новиков полагает, что эстетическое может быть вызвано воздействием различных факторов, но наиболее характерным видом художественного «приращения» переживаемого смысла является эффект взаимодействия, «столкновения» рационального и чувственного в воспринимаемом объекте – образе.④

Подход Е.В.Мариновой к осмыслению эстетики языковых единиц и текста является достаточно традиционным. С точки зрения исследователя, средством эстетического воздействия художественного текста является его речевая организация. Анализ стихотворения А.Блока «Романс» позволяет автору статьи сделать вывод о том, что эстетическое воздействие

---

① Новиков Л.А. Художественный текст и его анализ [М]. М.: Рус. яз., 1988: 18.

② Новиков Л.А. Художественный текст и его анализ [М]. М.: Рус. яз., 1988: 22.

③ Новиков Л.А. Феномен эстетического в языке. Опыт аналитического синтеза [М] // Избранные труды: в 2 т. М.: Изд-во РУДН, 2001: 19-20.

④ Новиков Л.А. Феномен эстетического в языке. Опыт аналитического синтеза [М] // Избранные труды: в 2 т. М.: Изд-во РУДН, 2001: 26.

поэтического текста создается за счет тесных межстрофических связей, а также структурообразующих приемов, а именно разного рода повторов. Кроме того, эстетический ореол стихотворения составляют изобразительность словесной вязи, выразительность речевых средств, магия звуков.[①]

В.И.Заика эстетическую реализацию языка рассматривает во взаимосвязи с разработкой проблемы художественной речи. По мнению ученого, эстетическая функция речи имеет прямое отношение к реализации интенций автора, который стремится воплотить художественную модель мира. Под художественной моделью понимается образ фрагмента реальной жизни, отображаемой действительности. Как считает В.И.Заика, в эстетическом восприятии художественного произведения немалую роль играют используемые автором языковые средства. О включенности языка в художественную модель мира, воплощенную в определенном литературном произведении, свидетельствует любое так называемое преодоление материала: тропы, окказионализмы, инструментовка и т.д. Причем у разных писателей язык в большей или меньшей степени включен в художественный мир. Интересно отметить, что в рассматриваемой работе представлено своеобразное понимание эстетики языка. По трактовке исследователя, эстетическая реализация языковых единиц ограничена условиями художественного текста. Таким образом, при рассмотрении этого вопроса В.И.Заика вступает в полемику с такими учеными, как Н.Д.Арутюнова и Р.О.Якобсон, полагая, что использование языковых единиц вне художественного текста более целесообразно отнести к их риторической

① Маринова Е.В. Эстетическая значимость речевой организации в поэтическом тексте [М] // Актуальные вопросы русистики и общего языкознания. Новгород: Изд-во Нижегор. ун-та, 1999: 168, 172.

функции.①

В.И.Супрун, анализируя ономастическое поле русского языка, рассматривает также эстетические параметры имен собственных, которые являются единицами не только лексического, но и морфологического уровня языка. Он считает, что изучение эстетического эффекта слова опирается на богатые лингвофилософские традиции. В языковом сознании красота имени в первую очередь определяется его эвфоническими чертами. В то же время отмечается взаимозависимость между социоономастическими и эвфоническими оценками. Так, «в русском языковом сознании при восприятии антропонимов присутствует этимологическая сема, которая, вероятно, оказывает свое воздействие на социоономастические взгляды носителей языка. Взгляды эти базируются на не всегда устойчивых, надежных, иногда ошибочных знаниях, но благодаря им формируются представления о красоте имени, имя становится модным и популярным, на них основывается выбор имени ребенка, отношение человека к собственному имени».② В плане отражения эстетических категорий интерес представляет вывод исследования о том, что в русских именах собственных достаточно редко выражается возвышенная функционально-стилистическая окраска. В.И.Супрун исследует также переводческие проблемы, возникающие при передаче эстетического и семантико-стилистического эффекта онима в художественном тексте, что позволяет уяснить некоторые аспекты национально-культурной специфики русского ономастического поля.③

---

① Заика В.И. Об эстетической реализации языка [J]. Вестник Новгород. гос. ун-та им. Ярослава Мудрого. Сер. Гуманитарные науки, 2000 (15): 92-95.

② Супрун В.И. Ономастическое поле русского языка и его художественно-эстетический потенциал: автореф. [D]. Волгоград, 2000: 16-18.

③ Супрун В.И. Ономастическое поле русского языка и его художественно-эстетический потенциал: автореф. [D]. Волгоград, 2000: 62, 64.

Рассматривая вопрос об эстетической функции языка, В.П.Москвин отмечает отсутствие ясности в его понимании. Согласно мнению ученого, языковые единицы, которые используются для решения определенной эстетической задачи, надо соотносить прежде всего с чувственным восприятием, так как они способны вызывать наслаждение. В целом концепция В.П.Москвина основывается на узком подходе к трактовке эстетики языка, будучи ориентированной на категорию прекрасного.[①]

Некоторые вопросы, связанные с эстетикой языка и текста, рассматривает Г.М.Кулаева. Основной предмет ее исследования составляет языковой эстетический идеал, под которым подразумевается воплощение представлений русского человека о красоте, гармонии и совершенстве окружающего мира, родной природы и родного языка.[②] Эстетические закономерности, связанные с пониманием эстетического идеала (симметрия, пропорция, мера, ритм и др.), получают свое воплощение в принципах эстетической организации художественного текста. В качестве принципов эстетики художественного текста, по мнению Г.М.Кулаевой, выступают особые законы и механизмы текстообразования: принципы смещения оси синтагматики на парадигматику в стихотворной речи; «тесноты стихотворного ряда»; нарушения сочетаемости слов и порядка следования слов; создания благозвучия и ритмической упорядоченности.[③]

Итак, у языковедов нет единого мнения относительно понимания сущности эстетического потенциала языковых единиц. Не исследованы в

① Москвин В.П. Выразительные средства современной русской речи. Тропы и фигуры. Терминологический словарь [M]. Изд. 3-е, испр. и доп. Ростов н/Д: Феникс, 2007: 9.

② Кулаева Г.М. Эстетический идеал в системе формирования ценностного отношения учащихся к русскому языку: автореф. [D]. М.: МПГУ, 2008: 38.

③ Кулаева Г.М. Эстетический идеал в системе формирования ценностного отношения учащихся к русскому языку: автореф. [D]. М.: МПГУ, 2008: 21.

полной мере те средства языка, которые способны вызывать эстетическую реакцию адресата речи. Проблема эстетических ресурсов языковых единиц еще не получила глубокого системного освещения.

Рассматривая проблему эстетики языковых единиц, в том числе грамматических форм числа и падежа существительных, мы следуем позиции Г.А.Хайрутдиновой. Она считает, что при исследовании этого вопроса наиболее целесообразным является широкое понимание эстетических возможностей языковых элементов. Основу такой трактовки составляет концепция эстетического. Как известно, эстетическое является наиболее общей, фундаментальной категорией эстетики. Она была выделена лишь в XX веке.

Понимание эстетических функций языковых средств тесно связано с разысканиями в области прагматики. В соответствии с этим эстетический потенциал свойствен тем языковым средствам, которые могут оказывать эстетическое воздействие на реципиента. Эстетические свойства языковых единиц могут проявляться в разных сферах речевой деятельности. Но наиболее полно они реализуются в сфере художественной речи. Сущность эстетического воздействия языковых единиц как элементов текста литературного произведения состоит в том, что читатель получает духовное наслаждение. Основу такого духовного наслаждения составляет эстетическое удовольствие.[1] Данная трактовка эстетики языковых единиц в определенной степени сходна с высказываниями других ученых. Так, по мнению Н.В.Черемисиной, звукостилистическая организованность художественного текста, в том числе и эстетическая организованность

① Хайрутдинова Г.А. Эстетические ресурсы русского языка [M]. Казань: Изд-во Казан. ун-та, 2016: 28-29.

ритма, вызывает чувство приятного, чувство удовольствия.① Обратимся к работе другого исследователя. Л.А.Новиков, характеризуя поэтический образ, пишет, что столкновение и гармонизация в едином целом мыслительного и чувственного, рационального и иррационального, сознательного и бессознательного становятся источником эстетического эффекта и переживания. При этом важно отметить, что эстетический синтез интеллектуального и чувственного, с точки зрения ученого, основан на ощущении удовольствия / неудовольствия.②

По мнению Г.А.Хайрутдиновой, эстетические ресурсы единиц любого языка обусловлены комплексом факторов. Среди них важнейшими являются: а) своеобразие языка как сложной системы знаков; б) закон асимметрии языкового знака; в) национальная специфика языка; г) внутренние закономерности его развития; д) образно-эмоциональные, стилистические возможности.③

Важно также отметить, что понятие «эстетические ресурсы языковых единиц» при изучении языка художественного произведения лишь частично пересекается с понятиями выразительности и экспрессивности, обнаруживая тесную связь с рядом вопросов, касающихся анализа языковых средств как составных элементов художественного целого.④

---

① Черемисина Н.В. Вопросы эстетики русской художественной речи [M]. Киев: Вища школа, 1981: 217.

② Новиков Л.А. Феномен эстетического в языке. Опыт аналитического синтеза[M] // Избранные труды: в 2 т. М.: Изд-во РУДН, 2001: 27.

③ Хайрутдинова Г.А. Эстетические ресурсы русского языка [M]. Казань: Изд-во Казан. ун-та, 2016: 30.

④ Хайрутдинова Г.А. Эстетические ресурсы морфологических средств русского языка: автореф. [D]. Казань: КФУ, 2009: 16.

1.2 Функционирование грамматических форм существительных с точки зрения категорий эстетики и литературоведения

Анализ научной литературы показывает, что в большинстве работ, посвященных эстетике языковых единиц (Г.О.Винокура, И.Б.Голуб, И.А.Ионовой, В.П.Ковалева, Б.А.Ларина, Л.А.Новикова, О.Г.Ревзиной, Р.О.Якобсона и др.), внимание обращается главным образом на изучение их образности, реже – на отражение определенной эстетической категории. Очевидно, это обусловлено своеобразием подхода исследователей к интерпретации самой проблемы эстетических свойств языковых единиц.

Поскольку мы придерживаемся широкого подхода к рассмотрению эстетики языка, в том числе средств морфологии, то было бы логичным указать на оптимальное количество направлений, в рамках которых может проводиться исследование эстетических ресурсов языковых единиц. Г.А.Хайрутдинова в числе таких направлений называет следующие: изучение языковых средств в связи с отражением основных категорий эстетики, воплощением особенностей формы художественной речи (стихотворной или прозаической), эстетики литературного направления, жанровой специфики произведения, его идейно-художественной основы, созданием образности, использованием различных способов композиционного построения текста, выражением индивидуальных качеств стиля писателя.①

Однако наша научная работа посвящена изучению небольшого круга языковых единиц – грамматических форм числа и падежа существительных.

---

① Хайрутдинова Г.А. Эстетические ресурсы морфологических средств русского языка: автореф. [D]. Казань: КФУ, 2009: 17.

Предварительный анализ эмпирического материала показал, что его исследование в контексте проблемы эстетики языка целесообразно было бы ограничить такими направлениями, как взаимосвязь с эстетическими категориями, особенностями стихотворной речи, формированием образности текста и композиционной организацией литературного произведения. Анализ грамматических форм существительных именно в рамках этих направлений имеет наибольшие перспективы в плане соответствующего теоретического осмысления изучаемой проблемы. Поэтому следующие части данной главы будут посвящены рассмотрению тех вопросов, которые связаны с указанными направлениями исследования.

1.2.1 Отражение эстетических категорий

Исследование эстетических категорий представляет собой сложную, неоднозначно понимаемую проблему. Прежде всего следует отметить, что ряд ученых выделяет эстетическое как наиболее общее, широкое понятие. В научной литературе обнаруживаются различные интерпретации эстетического. Так, по мнению Ю.Б.Борева, «эстетическое – метакатегория, то есть самая широкая и фундаментальная категория эстетики. Она отражает то общее, что присуще прекрасному, безобразному, возвышенному, низменному, трагическому, комическому, драматическому и другим характеристикам жизни и искусства».[①] Е.Г.Яковлев полагает, что эстетическое «есть совершенное в своем роде. Совершенство предполагает полноту бытия объекта, это свойство такого объекта действительности, в котором наиболее явно выражаются признаки рода природного, социального или духовного бытия». Свойством эстетического обладает

① Борев Ю.Б. Эстетика. 4-е изд., доп. [M]. М.: Политиздат, 1988: 38.

не только гармоническое (прекрасное, эстетический идеал, искусство), но и дисгармоническое (возвышенное, ужасное, уродливое, низменное, трагическое).[①] В плане анализа эстетики языковых элементов наиболее логичной следует признать концепцию В.В.Бычкова. Эстетическое он рассматривает как наиболее общую категорию эстетики. Такие традиционно выделяемые категории, как прекрасное, возвышенное и т.п., ученый относит к конкретным разновидностям эстетического. Эта наиболее общая категория эстетики охватывает особый опыт человека, основу которого составляет система неутилитарных взаимоотношений субъекта и объекта, в результате чего субъект получает духовное наслаждение.[②]

Поскольку морфологические средства русского языка играют наиболее заметную роль лишь при отражении двух эстетических категорий, а именно возвышенного и комического[③], обратимся к рассмотрению данных двух категорий.

1.2.1.1 Возвышенное

Проблема категории возвышенного рассматривалась в ряде работ по эстетике и литературоведению. Так, по мнению Ю.Б.Борева, возвышенное – это эстетическое свойство предметов, имеющих положительное значение для общества и таящих в себе огромные, еще не освоенные потенциальные силы. Возвышенное отражает бесконечность и вечность мира, а также огромные возможности, внутренние силы человека.[④] Ввиду своей колоссальной мощи и огромного масштаба возвышенные

---

① Яковлев Е.Г. Эстетика [М]. М.: Гардарики, 1999: 41.

② Бычков В.В. Эстетика [М]. М.: Гардарики, 2002: 154-164.

③ Хайрутдинова Г.А. Эстетические ресурсы русского языка [М]. Казань: Изд-во Казан. ун-та, 2016: 50.

④ Борев Ю.Б. Эстетика. 4-е изд., доп. [М]. М.: Политиздат, 1988: 61.

явления не могут быть сразу полностью освоены, поэтому по отношению к ним человек не свободен. Ю.Б.Борев полагает, что типичные формы отражения возвышенного в искусстве характеризуются грандиозностью, масштабностью и монументальностью.[①] Отражение возвышенного в искусстве требует от художника особой интенсивности, яркости, приподнятости средств художественной выразительности. Возвышенные события современной эпохи требуют еще более ярких, пафосных художественных средств.[②]

С точки зрения В.И.Авдеева, при описании этого феномена важно отметить, что возвышенное, с одной стороны, подавляет человека как физическое существо, заставляет осознать свою конечность и ограниченность, а с другой, – пробуждает в нем сознание нравственного превосходства даже над физически несоизмеримой и подавляющей его природой.[③]

Е.Г.Яковлев полагает, что «возвышенное – это такая категория, в которой в наиболее полной мере воплощается единство природного и социального содержания эстетического как совершенной дисгармонии». Возвышенное есть нарушение гармонического целого, оно есть совершенное дисгармоническое. «В феноменологическом аспекте возвышенное есть преодоление этой дисгармонии в общественной и индивидуальной практике человека. Конкретно проявление феномена возвышенного, наиболее ярко выраженное в героическом и подвиге, заключается в том, что героические действия народных масс или подвиг отдельного человека есть выступление за пределы обыденного поведения, за пределы сложившихся норм социального бытия, т.е. это некое нарушение

① Борев Ю.Б. Эстетика. 4-е изд., доп. [M]. М.: Политиздат, 1988: 62.

② Борев Ю.Б. Эстетика. 4-е изд., доп. [M]. М.: Политиздат, 1988: 64-65.

③ Авдеев В.И. Категории эстетики [M] // Эстетика: учеб. пособие для вузов. М.: Центр, 1998: 113.

устойчивых ситуаций или преодоление косных, враждебных социальному прогрессу сил, и вместе с тем это есть акт восстановления гармонического развития».[1]

Как показывает анализ научной литературы, проблеме возвышенного посвящено значительное количество работ ученых, многие из которых дополняют друг друга. С нашей точки зрения, категория возвышенного отражает объективные свойства предметов, обладающих огромным масштабом, мощью и возможностями, которые еще не до конца освоены человеком. К числу возвышенных явлений следует также отнести огромные возможности, внутренние силы человека. Подобные феномены возвышают «человека над его обыденной жизнью»[2], ориентируют его на какие-то более высокие цели и установки.

1.2.1.2 Комическое

Перейдем к рассмотрению еще одной категории – комического, которой посвящено довольно много исследований эстетиков и литературоведов. Например, с точки зрения Б.Дземидока, под комическим подразумеваются как естественные события, объекты и возникающие между ними отношения, так и определенный вид творчества, суть которого сводится к сознательному конструированию некоей системы явлений или понятий, а также системы слов с целью вызвать эффект комического.[3] По мнению ученого, все принципиально важные и более или менее однозначные концепции комического сводятся к шести группам: теория негативного качества, теория деградации, теория контраста, теория противоречия, теория отклонения от нормы и теории смешанного типа. В пределах этих шести групп можно

---

① Яковлев Е.Г. Эстетика: учеб. пособие для студентов вузов [M]. М.: Гардарики, 1999: 51, 58-59.

② Бычков В.В. Эстетика: учебник [M]. М.: КНОРУС, 2012: 158.

③ Дземидок Б. О комическом [M]. М.: Прогресс, 1974: 7.

выделить теории объективистские, субъективистские и реляционистские. Каждая теория зачисляется в одну из этих групп в зависимости от того, где она усматривает существо комического: в предметной сфере, в сфере эмоциональной или же в соотношении между объектом восприятия и воспринимающим субъектом.[①]

Ю.Б.Борев считает, что природа комического проявляется в противоречии. Комизм представляет собой результат контраста, разлада и противостояния.[②] Формы комического противоречия разнообразны: «комическое как выражение противоречия между формой и содержанием, как несообразность цели и средства, как противоречие между действием и его результатами, как следствие контраста старого и нового, как следствие несоответствия скудной внутренней сущности явления с его претензиями на значительность, как результат противоречия между причиной и следствием, как результат потери героем чувства реальности. Явление, вырванное из связанных с ним и его обусловливающих обстоятельств, также становится комичным».[③] В комическом всегда присутствуют два противоположных начала, первое из которых кажется положительным и привлекает к себе внимание, но на деле оборачивается отрицательным свойством.[④] При всем многообразии типов, форм, оттенков комического, при всем его национальном и историческом своеобразии сущность его всегда одна: комическое выражает общественно ощутимое, общественно значимое противоречие, несоответствие явления или одной из его сторон высоким

① Дземидок Б. О комическом [M]. М.: Прогресс, 1974: 11.

② Борев Ю.Б. Эстетика. 4-е изд., доп. [M]. М.: Политиздат, 1988: 82.

③ Борев Ю.Б. Основные эстетические категории [M]. М.: Высш. шк., 1960: 225.

④ Борев Ю.Б. Эстетика. 4-е изд., доп. [M]. М.: Политиздат, 1988: 83.

эстетическим идеалам.①

Сходной позиции придерживается Е.Г.Яковлев, который полагает, что «в категории комического онтологическое раскрывается как противоречие между ничтожным, ложным содержанием и формой, кажущейся полной значения, т.е. в самом широком смысле здесь существует полное несовпадение содержания и формы, сущности являемого»; дисгармония здесь «приобретает характер парадокса, а шире – неразрешенного противоречия, которое возникает в результате того, что все феномены комического в общественной жизни представляют отклонение от нормы».②

Однако существует и другая трактовка вопроса: по мнению С.С.Гусева и Г.Л.Тульчинского, комическое играет глубокую и нетривиальную роль в смыслообразовании и динамике понимания. «В объекте и характере смеха теснейшим образом переплетаются социальное и индивидуальное. Именно «игра с пониманием» (остранение, столкновение смыслов и значений) вызывает и стимулирует смех. Способность видеть комическое в привычном, чувство юмора – обычно верное свидетельство глубокого понимания ситуации».③

Обобщая различные взгляды ученых, М.А.Рюмина пишет, что можно назвать два основных подхода к пониманию комического: сущность данной категории определяется либо как противоречие (несоответствие), либо как игра.④ С точки зрения исследователя, «эти две линии пересекаются и лишь в редких случаях существуют по отдельности, не контактируя

---

① Борев Ю.Б. Эстетика. 4-е изд., доп. [М]. М.: Политиздат, 1988: 93.

② Яковлев Е.Г. Эстетика: учеб. пособие для студентов вузов [М]. М.: Гардарики, 1999: 71.

③ Гусев С.С., Тульчинский Г.Л. Проблема понимания в философии: Филос. -гносеол. анализ [М]. М.: Политиздат, 1985: 172.

④ Рюмина М.А. Тайны смеха или Эстетика комического [М]. М.: Знак, 1999: 65-66.

друг с другом».[①] Как считает М.А.Рюмина, в обоих подходах есть свои недостатки и положительные моменты. Если избегать крайностей сведения комического к сатире или к юмору, то можно рассматривать их как взаимодополнительные.[②] При рассмотрении природы комического мы также будем придерживаться этой точки зрения.

1.2.2 Реализация особенностей поэтической формы речи

В аспекте анализа эстетических свойств языковых единиц, в том числе средств морфологии, может быть интерпретирована форма художественной речи – как стихотворная, так и прозаическая. Правомерность такого подхода к изучению поэтической речи отмечают многие ученые. В частности, М.Л.Гаспаров, характеризуя ряд особенностей современной русской поэзии, пишет, что стихотворная речь представляет собой «сложную и многостепенную систему выделений слогов, стоп» и т.п., «в которой каждый очередной член является в большей или меньшей степени ритмически ожидаемым, предсказуемым; подтверждение или неподтверждение ритмического ожидания является эстетическим эффектом стихового ритма».[③] По мнению ученого, никакой анализ поэтического произведения невозможен, когда исследователь даже не в состоянии сказать, каким размером оно написано, а стало быть, в ряду каких других произведений той же стихотворной формы оно стоит и какого рода содержание ассоциируется с этой формой в сознании читателя. Это тем более актуально, если речь идет об изучении произведений современной русской поэзии, так как наряду с развитием поэтических традиций прошлого осваиваются неклассические

---

① Рюмина М.А. Тайны смеха или Эстетика комического [M]. M.: Знак, 1999: 63-66.

② Рюмина М.А. Тайны смеха или Эстетика комического [M]. M.: Знак, 1999: 68.

③ Гаспаров М.Л. Современный русский стих. Метрика и ритмика [M]. M.: Наука, 1974: 17.

размеры: дольник, акцентный стих и т.д.[1]

Традиционно считается, что проза по отношению к поэзии – явление первичное, предшествующее. Литературоведы опровергают это расхожее мнение. На самом деле поэзия возникает раньше прозы. Как отмечает Ю.М.Лотман, стихотворная речь была первоначально единственно возможной речью словесного искусства. Проза, возникшая в эпоху хронологически более зрелого эстетического сознания, представляет собой явление более позднее, чем поэзия. Таким образом, эстетическое восприятие прозы оказалось возможным лишь на фоне поэтической культуры.[2]

Рассматривая основные понятия, а также общие законы организации русского стиха, М.Л.Гаспаров пишет, что стих есть речь, расчлененная на относительно короткие отрезки. В стихе это членение на отрезки является обязательным, единообразно заданным для всех читателей: в современном стихе это обычно выражается графическим членением текста на строки.[3] Важно также отметить, что поэзия – это ритмически организованная речь, в то время как проза – речь обычная.[4] Кроме того, в поэтическом языке существует некоторый элементарный прием – прием сближения двух единиц.[5] В области эвфонии модификациями этого приема являются: рифма, ассонанс и аллитерация.[6]

С точки зрения Н.С.Валгиной, прозаический текст – это

---

① Гаспаров М.Л. Современный русский стих. Метрика и ритмика [M]. М.: Наука, 1974: 6-7.

② Лотман Ю.М. Анализ поэтического текста [M]. М.: Просвещение, 1972: 23, 26.

③ Гаспаров М.Л. Современный русский стих. Метрика и ритмика [M]. М.: Наука, 1974: 11.

④ Лотман Ю.М. Анализ поэтического текста. Структура стиха [M]. М.: Просвещение, 1972: 30.

⑤ Якобсон Р.О. Новейшая русская поэзия [M] // Работы по поэтике: Переводы. М.: Прогресс, 1987: 299.

⑥ Якобсон Р.О. Новейшая русская поэзия [M] // Работы по поэтике: Переводы. М.: Прогресс, 1987: 299, 300.

речь отрывистая, членение речи здесь определяется смысловым и синтаксическим строем и автоматически из него вытекает; стихотворный текст (или поэтический) – это речь периодическая, ритмически организованная. Членение в стихотворном тексте качественно отличается от членения в прозаическом тексте, воспринимаемом как сплошное текстовое пространство. По мнению исследователя, для стихотворного текста важны не синтаксические единицы, а единицы ритмически организованные; это замкнутые компоненты, стянутые перекрестными рифмами. Единицы членения – это строка, строфа, четверостишие. Стиховые строки не обязательно совпадают с синтаксическими границами предложений, то есть стих обладает метром (размером). Н.С.Валгина полагает, что стихотворная речь и прозаическая – не замкнутые системы, границы их могут быть размыты, переходные явления неизбежны. Бывают «стихи в прозе» и метризованная проза. При этом случайная рифма в прозе – недостаток не меньший, чем ее достоинство в поэзии.[①]

По мнению Л.А.Новикова, художественное воздействие текста осуществляется благодаря его различным образным средствам (тропам, фигурам, ритму и рифме, фонике, особым приемам композиции и т.п.), сосредоточивающим на себе внимание читателя и стимулирующим его «сотворчество» писателю.[②]

С точки зрения В.Е.Холшевникова, сравнение прозаического и стихотворного текстов показывает, что и в прозаической, и в стихотворной речи наблюдаются однородные явления: расчлененность речи на интонационные группы, чередование ударных и безударных слогов и т.д.

---

① Валгина Н.С. Теория текста: Учебное пособие [М]. М.: Логос, 2003: 181.

② Новиков Л.А. Феномен эстетического в языке. Опыт аналитического синтеза [М] // Избранные труды: в 2 т. М.: Изд-во РУДН, 2001: 32.

Однако в художественной прозе эти явления не всегда ясно выражены, не упорядочены, поэтому ощущаются сравнительно слабо. В стихотворной же речи, напротив, они упорядочены, организованы, очень отчетливо и непосредственно воспринимаются слухом и воздействуют на читателя эстетически.[1]

Анализ работ, в которых рассматривается своеобразие языка стихотворных произведений, позволяет утверждать, что поэтическая речь представляет собой сложную, ритмически организованную систему выделений слогов, стоп и т.д. При этом особую значимость имеют такие особенности стихотворной речи, как рифма и ритм. В плане восприятия этой формы речи они в первую очередь связаны с определенными эстетическими ожиданиями, вкусовыми оценками реципиента. Поэтому в следующей части работы обратимся к более обстоятельному рассмотрению этих средств версификации.

1.2.2.1 Рифма

С точки зрения описания своеобразия стихотворного текста рассмотрим вначале понятие рифмы. О.С.Ахманова полагает, что рифма представляет собой повторение более или менее сходных сочетаний звуков в окончаниях стихотворных строк или симметрично расположенных частей стихотворных строк; в русском классическом стихосложении основным признаком рифмы является совпадение ударных гласных. Исследователь пишет о возможности выделения различных типов рифм: банальных, богатых, бедных, глагольных, каламбурных и др.[2]

---

① Холшевников В.Е. Основы стиховедения: Русское стихосложение: Учеб. пособие для студ. Филол. фак. вузов. 4-е изд., испр. и доп. [M]. М.: Издательский центр «Академия», 2002: 6.

② Ахманова О.С. Словарь лингвистических терминов [M]. М.: Советская энциклопедия, 1966: 587-590.

По мнению Р.О.Якобсона, своеобразие рифмы в стихотворных произведениях тех авторов, которые являются носителями славянских языков, обусловлено спецификой фонетической и грамматической подсистем этих языков.[①] Характеризуя стих как повторяющуюся «звуковую фигуру», исследователь отмечает также сближение рифмующихся слов с точки зрения семантики. Иначе говоря, звуковое сходство рифмующихся элементов стиха детерминирует их семантическую эквивалентность.[②]

В.Е.Холшевников считает, что для поэзии большинства народов характерно преобладание концевых созвучий. Объясняется это тем, что созвучие в конце метрического ряда, перед паузой, слышится гораздо отчетливее, чем в начале или середине; таким образом, ритмический строй и звуковой повтор при концевом созвучии подчеркивают и усиливают друг друга больше, чем при начальном.[③] Из всех звуковых повторов наиболее заметным и регулярным является рифма. Рифма имеет значение и фоническое, как всякий звуковой повтор, и метрическое, обозначая границы метрического ряда, стиха.[④]

Согласно мнению Ю.М.Лотмана, рифму следует рассматривать в качестве одного из самых конфликтных уровней стихотворного текста. В концепции исследователя, как и в работах некоторых других ученых, например, Р.О.Якобсона, прослеживается мысль о том, что рифма является

① Якобсон Р.О. Основа славянского сравнительного литературоведения [М] // Работы по поэтике: Переводы. М.: Прогресс, 1987: 28.

② Якобсон Р.О. Лингвистика и поэтика [М] // Структурализм: «за» и «против». М.: Прогресс, 1975: 216-218.

③ Холшевников В.Е. Основы стиховедения: Русское стихосложение: Учеб. пособие для студ. Филол. фак. вузов. 4-е изд., испр. и доп. [М]. М.: Издательский центр «Академия», 2002: 86.

④ Холшевников В.Е. Основы стиховедения: Русское стихосложение: Учеб. пособие для студ. Филол. фак. вузов. 4-е изд., испр. и доп. [М]. М.: Издательский центр «Академия», 2002: 84-85.

одним из проявлений параллелизма. Поэтому звуковые подобия слов в конце ритмических единиц могут приводить к весьма неожиданным смысловым эффектам.①

Как считает М.Л.Гаспаров, рифмой называется созвучие (то есть тождественное или сходное звукосочетание, как правило, включающее в себя ударный слог), систематически повторяющееся на определенном месте стиха, обычно – на конце. Для метрики значение рифмы заключается в том, что связанные рифмой стихи или полустишия соотносятся друг с другом в большей степени, чем с остальными стихами, и соизмеримость их ощущается больше.②

В.П.Москвин полагает, что рифма в узком понимании этого термина является видом парономазии, выступающей в стихомаркирующей функции и представляющей собой созвучие двух слов, стоящих на конце стиха. В широком понимании рифма – «звуковой повтор в конце соответствующих ритмических групп (стиха, полустишия, периода), играющий организационную роль в строфической композиции стихотворения». Под этим определением обычно понимается: 1) точная рифма; 2) неточная рифма; 3) приблизительная рифма; 4) любые звуковые повторы; 5) гомеотелевты – то есть почти вся парадигма стихомаркирующих средств.③ В то же время исследователь отмечает множество дискуссионных вопросов, связанных с изучением рифмы ввиду сложности ее природы.

---

① Лотман Ю.М. Анализ поэтического текста. Структура стиха [М]. М.: Просвещение, 1972: 61-62.

② Гаспаров М.. Современный русский стих. Метрика и ритмика [М]. М.: Наука, 1974: 16-17.

③ Москвин В.П. Выразительные средства современной русской речи. Тропы и фигуры. Терминологический словарь. Изд. 3-е, испр. и доп. [М]. Ростов н/Д: Феникс, 2007: 652.

1.2.2.2 Ритм

О значимости ритма как важного элемента версификации писали многие ученые. Согласно мнению О.С.Ахмановой, ритм представляет собой равномерное чередование ускорения и замедления, напряжения и ослабления, долготы и краткости, подобного и различного в произведении речи.[①]

Особый интерес для нас представляет позиция Л.А.Новикова, который указывает на то, что ритм может быть выразителем эстетического составляющего смысла художественного произведения.[②] С этой точкой зрения созвучно мнение Н.В.Черемисиной, которая отмечает, что звукостилистическая организованность истинно художественного произведения проявляется в установке на эвфонию и на эвритмию. Исследователь также полагает, что не только слова, но и синтаксические конструкции могут приобретать в художественной речи особую эстетическую организованность, в том числе ритмическую.[③]

Как считает В.Е.Холшевников, в создании ритма важную роль играет способ чередования сильных и слабых слогов (характер стоп). Однако стихотворный размер (метр) определяется не только характером стоп, но и их количеством, т.е. длиной стиха. Универсальным и самым распространенным в русской поэзии оказался четырехстопный ямб – им

① Ахманова О.С. Словарь лингвистических терминов [M]. M.: Советская энциклопедия, 1966: 388.

② Новиков Л.А. Значение как эстетическая категория языка [M] // Избранные труды: в 2 т. M.: Изд-во РУДН, 2001: 51.

③ Черемисина Н.В. Вопросы эстетики русской художественной речи [M]. Киев: Вища школа, 1981: 214.

писали и торжественные оды, и любовные стихи, и поэмы, и эпиграммы.① Согласно концепции В.Е.Холшевникова, ритм стихотворения создается особым, упорядоченным расположением звуков речи – тех же звуков, из которых состоит обычная прозаическая речь, только более организованных и выделенных, поэтому более отчетливо слышимых.②

По мнению Ю.М.Лотмана, ритмичность стиха создается благодаря цикличному повторению разных элементов в одинаковых позициях, что позволяет выявить различия в сходном. Как и многие другие исследователи, ученый отмечает смыслоразличительный характер ритмической организации стиха. Кроме того, ритм и в целом стиховая структура текста вскрывают новые оттенки значений слов, создавая новые смыслы. Ю.М.Лотман полагает, что уже с давних времен ритм определятся как один из главных признаков русского стиха, близкий по своей художественной функции рифме.③

Анализируя основные понятия, а также общие законы организации русского стиха, М.Л.Гаспаров пишет, что «…из трех систем стихосложения наиболее разработанной в русской поэзии является силлабо-тоническая. В основе ее лежит понятие метра. Метр есть упорядоченное чередование сильных и слабых мест в стихе. В силлабо-тоническом стихе сильное место равняется одному слогу, слабое место – одному или двум слогам». Повторяющееся сочетание сильного и слабого места называется стопой. В зависимости от расположения слогов внутри стопы различаются следующие

① Холшевников В.Е. Основы стиховедения: Русское стихосложение: Учеб. пособие для студ. Филол. фак. вузов. 4-е изд., испр. и доп. [M]. M.: Издательский центр «Академия», 2002: 44, 47.

② Холшевников В.Е. Основы стиховедения: Русское стихосложение: Учеб. пособие для студ. Филол. фак. вузов. 4-е изд., испр. и доп. [M]. M.: Издательский центр «Академия», 2002: 7-9.

③ Лотман Ю.М. Анализ поэтического текста. Структура стиха [M]. M.: Просвещение, 1972: 45-46, 59.

пять метров: хорей, ямб, дактиль, амфибрахий и анапест. Хорей и ямб объединяются в понятии «двусложные метры»; дактиль, амфибрахий и анапест – в понятии «трехсложные метры». Существование в русском стихе более длинных стоп (четырехсложных, пятисложных метров) – вопрос спорный.[①]

Характеризуя ритм стихотворного произведения, В.П.Москвин придерживается традиционной точки зрения. Он считает, что ритм представляет собой равномерное чередование ударных и безударных слогов в потоке речи. Ритм «преобразует метр, унимает категоричность его требований».[②]

1.2.3 Формирование образности

Категория образности относится к числу важных проблем стилистики художественной речи. Образность характеризует способ отображения и преобразования действительности в искусстве. «Образность в широком смысле этого слова – как живость, наглядность, красочность изображения – неотъемлемый признак всякого вида искусства, форма осознания действительности с позиций какого-то эстетического идеала, образность речи – частное ее проявление».[③] Этому вопросу посвящены работы В.В.Виноградова, А.И.Федорова, Д.Н.Шмелева, О.И.Блиновой, В.П.Москвина и др. В лингвистической литературе отмечается, что образность представляет собой сложную и многозначную категорию стилистики, имеющую «различные интерпретации в связи с различными осмыслениями понятия и термина

① Гаспаров М.Л. Современный русский стих. Метрика и ритмика [М]. М.: Наука, 1974: 12-13.

② Москвин В.П. Выразительные средства современной русской речи. Тропы и фигуры. Терминологический словарь. Изд. 3-е, испр. и доп. [М]. Ростов н/Д: Феникс, 2007: 642.

③ Голуб И.Б. Стилистика русского языка. 11-е изд. [М]. М.: Айрис-пресс, 2010: 130.

образ».[1]

Понятие образа принято считать ключевым в исследованиях по филологии, поскольку первоэлементом литературного творчества является слово-образ, что отмечалось многими учеными XX столетия.

Как справедливо полагает В.В.Виноградов, в рамках теории художественной речи «важно выяснить специфику словесных образов, т.е. образов, воплощенных в словесной ткани литературно-эстетического объекта, созданных из слов и посредством слов». Интерес представляет также мысль ученого о том, что «словесные образы можно рассматривать в их отношении к индивидуальному стилю писателя, в их отношении к строю или композиции отдельного литературного произведения, даже в их отношении к целому направлению в развитии литературы».[2]

С точки зрения А.И.Федорова, язык художественного произведения выражает мысли писателя в образной форме. «В художественном тексте писатель реализует образное мышление, которое представляет собой сложное отражение фактов, явлений действительности в виде чувственных представлений, ассоциативно связанных друг с другом, реальных или созданных воображением художника». В отличие от фотографического отражения явлений, «в художественном представлении (или образе) многие признаки домыслены, изменены, приуменьшены или преувеличены, чтобы вызвать у читателя целенаправленное восприятие фактов, передать авторское отношение к кому-либо или чему-либо».[3] В художественном образе через совокупность ассоциаций всегда проявляет себя авторское отношение к

① Алексеева Л.М. Стилистический энциклопедический словарь русского языка [M]. М.: Флинта: Наука, 2003: 255.

② Виноградов В.В. К спорам о слове и образе [J]. Вопросы литературы, 1960 (05): 66-67.

③ Федоров А.И. Образная речь [M]. Новосибирск: Наука, 1985: 21.

предмету, которое соответственно настраивает и читателя.[①]

Е.Н.Винарская отмечает, что художественный образ представляет собой целостную познавательную систему, в структуре которой можно выделить черты единичного, особенного и всеобщего. При этом черты единичного составляют основу образа. Искусство создания художественных образов заключается в том, чтобы актуализировать лингвистическими средствами в сознании читателя систему таких экстралингвистических образных отношений, которые не оставят его равнодушным, разбудят его эмоции, привлекут внимание и сформируют интерес к изображаемому.[②]

Разносторонняя характеристика данного мыслительного образования представлена в одной из работ Н.Д.Арутюновой. Она считает, что образ воспроизводит объект в его целостности. Основной источник образов – зрительное восприятие. Целостность образа включает в себя не только совокупность чисто внешних характеристик, но и определенные «идеальные» (содержательные) черты. Образ – это категория сознания, а не действительности. Образ формируется восприятием, памятью, воображением, накопленными впечатлениями.[③] Исследователь выделяет следующие основные свойства образа: 1) образ синтетичен; он создается комплексным восприятием действительности, в котором ведущими являются зрительные впечатления; 2) в образе зафиксировано осознание фундаментального факта отделимости и воспроизводимости формы; 3) вследствие этого «природная» корреляция формы и субстанции заменена в образе «культурным» соотношением формы и содержания; 4) образ един: в его структуре потен-

① Федоров А.И. Образная речь [М]. Новосибирск: Наука, 1985: 20-24.

② Винарская Е.Н. Выразительные средства текста (на материале русской поэзии): учеб. пособие [М]. М.: Высшая школа, 1989: 26-27.

③ Арутюнова Н.Д. Язык и мир человека [М]. М.: Высшая школа, 1999: 315, 316, 318.

циальные стороны знака – означаемое и означающее – не сформированы и не разделены семиотической связкой; 5) неопределенность содержательной стороны образа не позволяет ему быть объектом понимания: образы интерпретируются и осмысляются; 6) образ в большей мере связан с объектами действительности, чем с категориями смысла; 7) средой обитания образов является человеческое сознание; в нем они субъективно окрашены и погружены в ассоциативные отношения; 8) образ может присутствовать в сознании только при условии удаленности объекта из поля прямого восприятия; 9) образы стихийно складываются в сознании, в котором они относительно независимы от воли человека; 10) образ – модель действительного объекта, взятого в его целостности, но он не может совпадать с ним в точности; 11) отход образа от оригинала (прообраза) имеет предел, обозначенный границами класса.[①]

Л.А.Новиков полагает, что поэтический язык является «вторичной моделирующей системой, как бы над страивающейся над первой». Эстетически значимыми единицами в языке художественной литературы являются словесные образы. Семантика словесного образа – выражение особенного, так как сущность искусства, в том числе словесного, это изображение абсолютного в особенном. Такое свойство словесного образа как эстетического знака объясняется тем, что он представляет собой неповторимое единство художественной формы и диалектически подвижного, гибкого значения.[②]

По мнению О.Л.Пановой, рассмотрение образа в гносеологическом плане позволяет определить его как отраженный в сознании предмет позна-

---

① Арутюнова Н.Д. Язык и мир человека [М]. М.: Высшая школа, 1999: 322-323.

② Новиков Л.А. Структура эстетического знака и остраннение [М] // Избранные труды: в 2 т. М.: Изд-во РУДН, 2001: 79.

ваемой действительности. Образ и идеален, и субъективен. Его субъективность определяется индивидуальностью ощущения и восприятия мира.①

Анализу категории образа посвящено одно из исследований Е.А.Юриной. С точки зрения автора, общефилософское понимание образа опирается на теорию отражения. «Обыденное представление об образе связано с наглядностью, но научное понимание образа включает также и рациональные формы отражения». Образ как результат познавательной деятельности субъекта предполагает два этапа своего формирования. Первый этап – это восприятие объекта органами чувств в процессе эмпирического освоения реальности. На втором этапе происходит фиксация в сознании воспринятых характеристик объекта, позволяющая воссоздать их при отсутствии непосредственного контакта с самими объектами, т.е. переход образа восприятия в образ представления.②

Интерес представляет позиция Е.Б.Борисовой по этому вопросу. Исследователь полагает: «если основной единицей художественного содержания является художественно освоенная характерность жизни, то основной единицей художественной формы является образ. Образ – это, прежде всего, категория эстетики, характеризующая особый, присущий только искусству способ освоения и преобразования действительности». Образ является ключевым понятием для языка искусства и языка художественной литературы. Автор отмечает, что изучение образа велось по многим направлениям, соотносящимся с разными традициями и

① Панова О.Л. Коммуникативно-прагматические средства создания речевой образности в современном драматургическом тексте, 60-80-е гг. XX века: автореф. [D]. Волгоград: ВГПУ, 2001: 12.

② Юрина Е.А. К вопросу об интерпретации термина «языковой образ» в лексической семантике [J] // Вестник Томского государственного университета: Бюллетень оперативной научной информации, 2004 (38): 7-8.

проблемами эстетической мысли: связь образа с мифом и ритуалом, образ и художественная речь, историческое развитие и национальная специфика образов и т.д.[①] В отечественном литературоведении с двадцатых годов прошлого века и по настоящее время выделяются два разных подхода к исследованию природы художественного образа. Одни ученые трактуют художественный образ в литературе как чисто речевое явление, как свойство языка художественных произведений. Другие видят в художественном образе более сложное явление – систему конкретно-чувственных деталей, воплощающих содержание художественного произведения, причем не только деталей внешней, речевой формы, но и внутренней, предметно-изобразительной и ритмически выразительной. Однако, несмотря на многочисленные исследования, художественный образ еще не вписан в терминологический аппарат науки о языке. [②]По мнению Е.Б.Борисовой, образ – это конкретная и в то же время обобщенная картина бытия, созданная при помощи вербальных средств и художественно-композиционных приемов. Основными типами классификаций образов можно считать «предметную (образы-детали, внешние и внутренние образы, образы характеров и обстоятельств, единичных и собирательных героев произведений), обобщенно-смысловую (индивидуальные, характерные, типические, образы-мотивы, топосы, архетипы) и структурную

① Борисова Е.Б. О содержании понятий «художественный образ» и «образность» в литературоведении и лингвистике [J]. Вестник Челябинского государственного университета, 2009 (35): 25.

② Борисова Е.Б. О содержании понятий «художественный образ» и «образность» в литературоведении и лингвистике [J]. Вестник Челябинского государственного университета, 2009 (35): 20, 21.

(автологические и металогические)»[①]. «Образ обладает двучленностью, позволяющей стягивать разнородные явления в одно целое. Образ – это пересечение предметного и смыслового рядов, словесно-обозначенного и подразумеваемого»[②].

С точки зрения В.П.Москвина, образ представляет собой сенсорно отраженный фрагмент действительности и является предметом эстетического переживания. Считается, что «мышление в образах входит как существенный компонент во все без исключения виды человеческой деятельности, какими бы развитыми и отвлеченными они ни были», причем «в качестве самостоятельного образное мышление выступает наиболее ярко в различных формах художественной деятельности». Понятие «образ» является одной из ключевых, фундаментальных категорий и для науки, и для искусства.[③] Органическая связь со сферой чувств сближает образ с ощущением, восприятием, представлением, впечатлением, что также отражается в сочетаемости соответствующих слов.[④] Что касается вопроса об отличии образа от представления, то В.П.Москвин полагает, что любой образ тенденциозен, поскольку «несет в себе эстетическую характеристику изображаемого, утверждает или отрицает его, вызывает ... восторг или отвращение». Образ может быть положительным,

① Борисова Е.Б. О содержании понятий «художественный образ» и «образность» в литературоведении и лингвистике [J]. Вестник Челябинского государственного университета, 2009 (35): 25.

② Борисова Е.Б. О содержании понятий «художественный образ» и «образность» в литературоведении и лингвистике [J]. Вестник Челябинского государственного университета, 2009 (35): 21.

③ Москвин В.П. Выразительные средства современной русской речи. Тропы и фигуры. Терминологический словарь. Изд. 3-е, испр. и доп. [M]. Ростов н/Д: Феникс, 2007: 466.

④ Москвин В.П. Выразительные средства современной русской речи. Тропы и фигуры. Терминологический словарь. Изд. 3-е, испр. и доп. [M]. Ростов н/Д: Феникс, 2007: 468.

милым, ярким, незабываемым, привлекательным, отвратительным, карикатурным, отталкивающим, страшным, жутким и т.д. Представление же, в противоположность образу, лишено оценочности. Ученый считает, что «в отличие от обычного представления в художественном образе через совокупность ассоциаций всегда проявляет себя авторское отношение к предмету, которое соответственно настраивает и читателя». Следовательно, прототип образа – явление, эмоционально переживаемое нами, эстетически небезразличное для нас.[①]

Немало научных работ посвящено проблеме образности языковых единиц и текста. Например, с точки зрения В.В.Виноградова, слово в художественном произведении, совпадая по своей внешней форме со словом соответствующей национально-языковой системы и опираясь на его значение, обращено не только к общенародному языку, но и к тому миру художественной действительности, который создается или воссоздается в художественном произведении. Оно является строительным элементом для его построения и соотнесено с другими элементами его конструкции или композиции. Поэтому оно двупланово по своей смысловой направленности и, следовательно, образно. Его смысловая структура расширяется и обогащается теми художественно-изобразительными «приращениями» смысла, которые развиваются в системе целого эстетического объекта.[②]

О.И.Блинова рассматривает образность как одно из важнейших структурно-семантических свойств слова, которое воздействует на его семантику, валентность, эмоционально-экспрессивный статус, находит

① Москвин В.П. Выразительные средства современной русской речи. Тропы и фигуры. Терминологический словарь. – Изд. 3-е, испр. и доп. [M]. Ростов н/Д: Феникс, 2007: 470.

② Виноградов В.В. К спорам о слове и образе [J]. Вопросы литературы, 1960 (05): 92-93.

проявление в звуковой оболочке.① Содержание категории образности составляют такие три компонента, как конкретность, картинность (наглядность), красочность. Образность и образные слова имеют определенную функциональную нагрузку в языке или речи. Многие образные слова выполняют в речи эстетическую функцию, а также функцию создания экспрессии.②

По мнению Н.А.Лукьяновой, вопрос об образности является сложным и дискуссионным. На материале анализа экспрессивных лексических единиц она предлагает следующую интерпретацию понятия образности. По мнению исследователя, образность следует понимать в широком плане, относя к ней не только метафоричность, но и образность, порожденную на иной основе. Образность рассматривается как семантический компонент, актуализирующий образные ассоциации, связанные с определенным словом, а через него и с конкретным предметом, явлением, называемым данным словом. Автор полагает, что «образность может быть мотивированной и немотивированной. Языковой основой, например, мотивированных образных экспрессивных слов являются образные ассоциации, возникающие при сравнении двух представлений о реальных объектах, явлениях (метафорическая образность); звуковые ассоциации (звуковая образность); образность внутренней формы слова (как результат словообразовательной мотивированности)»③.

---

① Блинова О.Н. Образность как категория лексикологии [M] // Экспрессивность лексики и фразеологии. Новосибирск: НГУ, 1983: 9-10.

② Блинова О.Н. Образность как категория лексикологии [M] // Экспрессивность лексики и фразеологии. Новосибирск: НГУ, 1983: 7-8.

③ Лукьянова Н.А. О семантике и типах экспрессивных лексических единиц. II. Семантические классы экспрессивов русского языка [M] // Экспрессивность лексики и фразеологии. Новосибирск: НГУ, 1983: 31-32.

С точки зрения О.Л.Пановой, под языковой образностью понимается отражательный эффект, проявляющийся в семантике языковой единицы как совмещенное видение двух картин, индуцируемых первичной и вторичной номинациями. Речевая образность – это смысловая двуплановость, возникающая за счет переносного и фигурального употребления в драматургическом диалоге языковых единиц разных уровней, это тот фундамент, на котором держится коммуникативно-прагматическое содержание иллокутивного высказывания, что стимулирует ожидаемую эмоциональную реакцию собеседника.① Исследователь обращает внимание также на грамматические средства создания речевой образности – непрямое использование семантико-стилистических разновидностей грамматических форм различных частей речи.②

Е.А.Юрина понимает образность как лексико-семантическую категорию. Сущность данной категории состоит в том, что она обобщает свойство единиц лексико-фразеологического уровня языка, проявляющееся в способности обозначить определенное явление внеязыковой действительности в ассоциативной связи с другим.③ При рассмотрении категории образности Е.А.Юрина учитывает единство трех ипостасей: мышления, языковой системы и коммуникации. Образность как свойство человеческого мышления обусловливает образность значений языковых

① Панова О.Л. Коммуникативно-прагматические средства создания речевой образности в современном драматургическом тексте, 60-80-е гг. XX века: автореф. [D]. Волгоград: ВГПУ, 2001: 12-13.

② Панова О.Л. Коммуникативно-прагматические средства создания речевой образности в современном драматургическом тексте, 60-80-е гг. XX века: автореф. [D]. Волгоград: ВГПУ, 2001: 18-19.

③ Юрина Е.А. К вопросу об интерпретации термина «языковой образ» в лексической семантике [J]. Вестник Томского государственного университета: Бюллетень оперативной научной информации, 2004 (38): 19-20.

единиц. Последняя, в свою очередь, предопределяет «образность текстов, которая также проявляется в способности выразить внеязыковое содержание в конкретно-чувственной форме либо непосредственно, либо на базе различных речевых и языковых средств, реализующих ассоциативные совмещения понятий»①. Интерес представляет интерпретация образности слова с точки зрения эстетики языка и речи. По мнению автора, эстетическая актуализация образного значения слова в тексте характерна как для экспрессивной, так и для нейтральной образной лексики. Она связана с эстетической функцией слова в речи, когда автор преднамеренно обыгрывает образное значение слова, включая его в эстетически значимый образный строй своего речевого произведения.②

Механизмы порождения дискурсивной образности слова исследуются в одной из работ М.В.Беззубиковой. По ее мнению, возникновение словесной образности в текстах рассказов и повестей сопровождается конструктивно значимыми семантическими изменениями, смещениями и приращениями при фоновом сохранении системного значения слова.③ Помимо актуализации внутренней формы слова, дискурсивные сравнения, метафоры, метонимии и т.п. представляют собой эффективные стилистические приемы образной репрезентации коммуникативного события. В отличие от стереотипных, языковых приемов, выбор дискурсивных средств образности зависит от индивидуальных креативных

① Юрина Е.А. К вопросу об интерпретации термина «языковой образ» в лексической семантике [J]. Вестник Томского государственного университета: Бюллетень оперативной научной информации, 2004 (38): 21.

② Юрина Е.А. Образное слово в тексте [J]. Вестник Томского государственного университета: Бюллетень оперативной научной информации, 2004 (38): 142-143.

③ Беззубикова М.В. Дискурсивная образность слова (на материале рассказов и повестей русских писателей XX века): автореф. [D]. Астрахань: АГУ, 2010: 6.

особенностей поэтического мышления автора и читателя – их способности к творческому воображению, к различным образным ассоциациям.①

Как видим, у исследователей обнаруживаются не вполне совпадающие подходы к описанию образности языковых единиц. Мы при рассмотрении этого вопроса будем следовать концепции О.И.Блиновой. В содержание категории образности она включает такие компоненты, как конкретность, картинность (наглядность), красочность, полагая при этом, что образность и образные слова могут выполнять в речи эстетическую функцию.

1.2.4 Участие в композиционной организации текста

Проблема способов развертывания художественного текста относится к числу наиболее обсуждаемых проблем в филологии. Одним из способов организации текста считается стилистический прием. Ученые по-разному подходят к интерпретации его сущности. Так, по мнению С.Е.Никитиной и Н.В.Васильевой, стилистический прием – это способ организации высказывания или текста, усиливающий его выразительность.② С точки зрения Л.А.Новикова, эстетически переживаемый смысл реализуется посредством того или иного приема, выступающего в качестве его художественной формы. Эстетически значимая форма коррелирует с ее подвижным диалектически противоречивым смыслом. Поэтому любая метафора как прием есть противоречие действительного и воображаемого, фантастического мира и в силу этого – художественный конструктивный

① Беззубикова М.В. Дискурсивная образность слова (на материале рассказов и повестей русских писателей XX века): автореф. [D]. Астрахань: АГУ, 2010: 7.

② Никитина С.Е., Васильева Н.В. Экспериментальный системный толковый словарь стилистических терминов [M]. М.: Рос. акад. наук, Ин-т языкознания, 1996: 131.

компонент текста.[①]

Следует также сказать, что с точки зрения системного подхода к исследованию данной проблемы целесообразно рассматривать понятия стилистической фигуры и тропа в качестве разновидностей по отношению к родовому понятию стилистического приема. Например, отличительной особенностью стилистической фигуры как разновидности стилистического приема является ее относительно формализованный характер (наличие синтагматической схемы, модели).[②]

Согласно теории И.Р.Гальперина, стилистические приемы по своей лингвистической природе представляют собой обобщенно-типизированные выразительные средства языка. Для нас важно отметить тот факт, что стилистический прием, по мнению ученого, имеет непосредственное отношение к проблеме эстетики языковых единиц. Как пишет И.Р.Гальперин, в речи стилистические приемы используются в особых эмоционально-эстетических целях.[③] Степень изученности того или иного приема является неодинаковой: больше всего исследованы функции метафоры и сравнения, меньше всего – ритм и его функции. «Создание зрительно или чувственно ощутимых образов, которыми облекается мысль, является общепризнанным средством дополнительной информации, которая по-разному называется и по-разному оценивается. Одни склонны видеть в образе, созданном средствами метафоры или сравнения, дополнительные оттенки мысли, характеризующие описываемый предмет или явление, другие оценивают

① Новиков Л.А. Феномен эстетического в языке. Опыт аналитического синтеза [М] // Избранные труды: в 2 т. М.: Изд-во РУДН, 2001: 32.

② Алексеева Л.М. и др. Стилистический энциклопедический словарь русского языка [М]. М.: Флинта: Наука, 2003: 452.

③ Гальперин И.Р. Избранные труды. [М]. М.: Высшая школа, 2005: 137.

метафоры и сравнения лишь как средства возбуждения в читателе желаемой эмоциональной реакции на высказанную мысль»①.

В.П.Москвин определяет стилистический прием как стилистическую фигуру (или фигуру речи), которая используется в эстетической функции.②

По мнению В.К.Приходько, «к приемам относят такие структурно-семантические отношения и такую речевую реализацию средств, в которых наилучшим образом реализуется экспрессия текста и авторский замысел: антитеза, антономасия, анафора, аллитерация, ассонанс, гипербола, градация, литота, мейозис, ирония, каламбур, парономазия, параллелизм, хиазм»③.

Т.В.Жеребило считает, что стилистический прием представляет собой субъективный лингвистический фактор текстообразования, отражающий особый способ текстовой организации, выбранный автором для наиболее адекватного отражения своего видения мира и описываемой ситуации. Стилистические приемы, усиливающие прагматический эффект текста, соотносятся с тропами и фигурами и отражают специфическую организацию языковых средств в целях особой выразительности.④

Как пишет А.П.Сковородников, стилистический прием представляет собой понятие, не имеющее в научной литературе общепринятого определения. Общим для большинства определений стилистического приема является подчеркивание его предназначения, а именно выполнения

---

① Гальперин И.Р. Избранные труды. [M]. М.: Высшая школа, 2005: 137-138.

② Москвин В.П. Выразительные средства современной русской речи. Тропы и фигуры. Терминологический словарь. Изд. 3-е, испр. и доп. [M]. Ростов н/Д: Феникс, 2007: 734.

③ Приходько В.К. Выразительные средства языка: учеб. пособие для студ. высш. учеб. заведенийо [M]. М.: Издательский центр «Академия», 2008: 11.

④ Жеребило Т.В. Словарь лингвистических терминов. Изд. 5-е, испр. и доп. [M]. Назрань: ООО «Пилигрим», 2010: 371.

им выразительной / изобразительной / экспрессивной / художественной функции. С точки зрения системного подхода целесообразно рассматривать стилистический прием как разновидность риторического приема. По мнению ученого, стилистический прием представляет собой способ организации высказывания (предложения, части текста или текста в целом) на основе прагматически мотивированного отклонения от языковой нормы, или ее нейтрального варианта, или речевой нормы с целью определенного воздействия на адресата. Стилистические приемы можно подразделить на тропеические и нетропеические. К тропеическим стилистическим приемам относятся лексические и грамматические тропы; к нетропеическим приемам – стилистические фигуры и нефигуральные стилистические приемы. Нередко стилистические приемы взаимодействуют друг с другом.①

Согласно мнению О.Н.Линтвар, все стилистические приемы принадлежат к выразительным средствам языка, но не все выразительные средства являются стилистическими приемами. Стилистический прием – это намеренное и сознательное усиление какой-либоструктурной и / или семантической черты языковой единицы, достигшее обобщения и типизации и ставшее порождающей моделью. Вследствие частого использования языковой факт может быть трансформирован в стилистический прием.② Сходной точки зрения придерживаются Е.В.Семенова и Н.В.Немчинова.③

Как видим, по мнению целого ряда исследователей, стилистический прием понимается как один из способов организации текста, который

---

① Сковородников А.П. Риторический прием [M] // Стилистический энциклопедический словарь русского языка. М.: Флинта: Наука, 2003: 322-324.

② Линтвар О.Н. К вопросу о классификациях выразительных средств языка и стилистических приемов [J]. Филологические науки: Вопросы теории и практики, 2013 (12): 131.

③ Семенова Е.В., Немчинова Н.В. Стилистика английского языка: учеб. пособие. [M]. Красноярск: Сибирский федеральный ун-т, 2017: 25.

используется в эстетической функции или как средство усиления выразительности текста. Кроме того, некоторые исследователи полагают, что стилистический прием употребляется на основе прагматически мотивированного отклонения от языковой нормы. С нашей точки зрения, наиболее целесообразным при описании сущности стилистического приема является подход С.Е.Никитиной и Н.В.Васильевой. Поэтому мы будем следовать их трактовке данного вопроса, считая, что стилистический прием представляет собой способ организации высказывания или текста. Мы также согласны с позицией Л.А.Новикова, который усматривает в стилистическом приеме эстетическую значимость.

Интерес представляет и проблема классификации стилистических приемов, которая также имеет дискуссионный характер. До сих пор отсутствует общепринятая классификация стилистических приемов.

Так, И.Р.Гальперин среди стилистических приемов выделяет три группы. Первую группу составляет стилистическое использование различных типов лексических значений. Здесь имеются в виду стилистические приемы, основанные на взаимодействии словарных и контекстуальных предметно-логических значений: отношения по сходству признаков (метафора), по смежности понятий (метонимия), отношения, основанные на прямом и обратном значении слова (ирония), на взаимодействии предметно-логических и эмоциональных значений (эпитет, оксюморон, гипербола) и др. Во вторую группу включены стилистические приемы описания явлений и предметов: перифразы, эвфемизмы, сравнение. В третью группу входят приемы, основанные на стилистическом использовании фразеологии: пословицы, поговорки, сентенции, аллюзии (ссылки) и цитаты.①

Обстоятельное рассмотрение проблема классификации стилистических приемов получила в работах В.П.Москвина. С его точки зрения, общая классификация приемов и средств выразительной речи представляется возможной по их отношению к 13 параметрам оценки речи, таким, как правильность / неправильность, однозначность / двусмысленность, ясность / неясность, точность / неточность, разнообразие / однообразие и др. Например, чтобы сделать речь разнообразной, используются такие приемы, как замена перифразой, синонимическая замена, другие способы ухода от тавтологии. Фигурами нарочито однообразной речи являются различные повторы: аллитерация, ассонанс, парономазия, антанаклаза.②

Разграничение стилистических приемов, с точки зрения В.К.Приходько, должно быть связано с четырьмя ярусами языка: фонетико-фонологическим, лексическим, морфологическим и синтаксическим. Именно языковые единицы, как считает исследователь, являются основополагающей частью стилистических приемов, «материалом», реализованным в художественной речи. Например, такие приемы, как каламбур, метафора, аллегория, ирония, гипербола относятсяк лексическому; аллитерация, ассонанс, анаграмма, палиндром, относятся к фонетико-фонологическому ярусу; тавтологические сочетания, корневые повторы, анноминации, полиптоты –

---

① Гальперин И.Р. Очерки по стилистике английского языка [М]. М.: Издательство литературы на иностранных языках, 1958: 123-177.

② Москвин В.П. Выразительные средства современной русской речи: Тропы и фигуры. Общая и частные классификации. Терминологичекий словарь. Изд. 2-е, существ. перераб. и доп. [М]. М.: ЛЕНАНД, 2006: 15-18.

к морфологическому; зевгма, параллелизм и хиазм – к синтаксическому.[①]

Проблему классификации выразительных средств языка и стилистических приемов анализирует также О.Н.Линтвар. Она считает целесообразным подразделение стилистических средств на изобразительные (метафора, метонимия, гипербола, ирония, перифраз) и выразительные (инверсия, риторический вопрос, параллельные конструкции, контраст и др.). По ее мнению, «изобразительные средства можно характеризовать как парадигматические, поскольку они основаны на ассоциации выбранных автором слов и выражений с другими, не представленными в тексте словами, по отношению к которым им отдано предпочтение. Выразительные средства являются синтагматическими, так как они основаны на линейном расположении частей».[②]

При рассмотрении данной проблемы мы будем опираться на теорию В.П.Москвина, так как его классификация стилистических приемов является наиболее обоснованной и в полной мере охватывает все известные способы организации текста.

Выводы

В процессе изучения основных теоретических вопросов, касающихся исследования эстетики морфологических категорий, были сделаны следующие обобщения.

У языковедов нет единого мнения относительно понимания сущности эстетического потенциала языковых единиц. Не исследованы в полной мере те средства языка, которые способны вызывать эстетическую

① Приходько В.К. Выразительные средства языка: учеб. пособие для студ. высш. учеб. заведений [M]. М.: Издательский центр «Академия», 2008: 12.

② Линтвар О.Н. К вопросу о классификациях выразительных средств языка и стилистических приемов [J]. Филологические науки: Вопросы теории и практики, 2013 (12): 131.

реакцию адресата речи. Проблема эстетических ресурсов языковых единиц еще не получила глубокого системного освещения. Вслед за Г.А.Хайрутдиновой считаем, что описание эстетики языковых единиц, в том числе грамматических форм числа и падежа существительных, требует использования комплексного, интегративного подхода. В рамках обозначенного подхода наиболее целесообразным является широкое понимание эстетических возможностей языковых единиц, основу которого составляет концепция эстетического как наиболее общей, фундаментальной категории эстетики. С помощью метакатегории эстетического обозначается особый опыт человека, который сводится к специфической системе неутилитарных взаимоотношений субъекта и объекта, в результате чего субъект получает духовное наслаждение. Эстетическими ресурсами обладают те языковые единицы, которые способны оказывать эстетическое воздействие на человека. Эстетические свойства языковых единиц могут проявляться в разных сферах речевой деятельности. Но наиболее полно они реализуются в сфере художественной речи. Сущность эстетического воздействия языковых единиц как элементов текста литературного произведения состоит в том, что читатель получает духовное наслаждение, основу которого составляет эстетическое удовольствие.

Наша научная работа посвящена изучению небольшого круга языковых единиц – грамматических форм числа и падежа существительных. Предварительный анализ эмпирического материала показал, что его исследование в контексте проблемы эстетики языка целесообразно было бы ограничить такими направлениями, как взаимосвязь с эстетическими категориями, особенностями стихотворной речи, формированием образности текста и композиционной организацией литературного произведения.

Поскольку морфологические средства русского языка играют наиболее заметную роль лишь при отражении двух эстетических категорий, а именно возвышенного и комического, был сделан обзор научных работ, посвященных описанию сущности этих категорий. Систематизация и обобщение мнений ученых позволяют сказать, что категория возвышенного отражает объективные свойства предметов, обладающих огромным масштабом, мощью и возможностями, которые еще не до конца освоены человеком. К числу возвышенных явлений ученые относят также огромные возможности, внутренние силы человека. Сущность категории комического определяется либо как противоречие (несоответствие), либо как игра. Думается, что оба указанных подхода к интерпретации комического отражают его сущность: они не исключают друг друга, а направлены на исследование разных аспектов одного и того же феномена.

В ходе исследования были также изучены работы, в которых дается анализ специфики стихотворной речи. Основное внимание было уделено таким особенностям стихотворной формы речи, как рифма и ритм, так как эти понятия тесно связаны с проблемой эстетики языка и речи.

Значительная часть данной главы посвящена анализу категорий образа и образности. Многие ученые рассматривают образность как одно из важнейших свойств слова, которое воздействует на его семантику, валентность и эмоционально-экспрессивный статус. Содержание категории образности составляют такие три компонента, как конкретность, картинность (наглядность), красочность. При этом образные слова, как правило, выполняют в речи эстетическую функцию.

Важное значение при изучении эстетических возможностей языковых единиц имеет проблема композиционной организации текста. Поэтому был осуществлен анализ лингвистических работ, в которых исследуется стилистический прием как один из способов композиционного построения текста. Рассмотрена проблема классификации стилистических приемов. В качестве наиболее целесообразной признана модель В.П.Москвина, который полагает, что классификация приемов и средств выразительной речи должна строиться по их отношению к 13 параметрам оценки речи, таким, как правильность / неправильность, однозначность / двусмысленность, разнообразие / однообразие, точность / неточность, ясность / неясность и др.

ГЛАВА II МОРФОЛОГИЧЕСКАЯ КАТЕГОРИЯ ЧИСЛА ИМЕН СУЩЕСТВИТЕЛЬНЫХ И ЕЕ ЭСТЕТИЧЕСКИЙ ПОТЕНЦИАЛ

2.1 Число существительных в контексте проблемы теории морфологических категорий

Исследование морфологической категории числа существительных до сих пор остается в числе сложных проблем русской грамматики. В рамках обозначенной проблемы можно выделить несколько дискуссионных вопросов, которые нуждаются в рассмотрении.

Одним из таких вопросов является определение места категории числа в общей классификации морфологических категорий. В научной литературе представлены разные классификационные модели, в соответствии с которыми описываются морфологические категории русского языка.

2.1.1 Подразделение морфологических категорий на словоизменительные и несловоизменительные

В ряде лингвистических работ предлагается подразделять морфологические категории на словоизменительные и несловоизменительные. Мнения ученых при определении места грамматического числа субстантивов в данной классификации расходятся. Наиболее распространенной является та точка зрения, согласно которой число существительных – это словоизменительная категория. Такой позиции придерживаются А.А.Зализняк, Г.И.Панова, В.А.Плотникова и др. Например, А.А.Зализняк аргументирует свое мнение следующим образом: «…словоформы, различающиеся только граммемами числа (например, *волк и волки, стена и стены, окно и окна, столовая и столовые*), имеют одинаковое собственно номинативное значение, т.е. входят в одну лексему. Иначе говоря, грамматическая категория числа является для соответствующих лексем словоизменительной». С точки зрения ученого, грамматическую категорию числа следует считать «словоизменительной не только для лексем, приведенных выше в качестве примеров, но для всех лексем рассматриваемой совокупности».[①] Как полагает Г.И.Панова, характер категории числа существительных – словоизменительный или классификационный – должен определяться только с учетом тех словоформ, в которых представлены ее категориальные значения, т.е. словоформ конкретных существительных. По отношению к ним категория числа существительных является словоизменительной: категориальные значения числа выражаются при тождестве лексического значения слова формообразующими аффиксами за пределами его основы.[②]

В научной литературе представлен и другой подход к статусу категории числа существительных. По мнению Р.И.Аванесова, В.Н.Сидорова, Л.Н.Булатовой, формы единственного и множественного числа относятся к группе классифицирующих грамматических категорий. Например, Р.И.Аванесов и В.Н.Сидоров включают число существительных в состав несинтаксических грамматических категорий, которые не выражают отно-

① Зализняк А.А. Русское именное словоизменение [М]. М.: Наука, 1967: 55-56.

② Панова Г.И. Современный русский язык. Морфология: словарь-справочник (Часть I). [М]. Абакан: Издательство Хакасского государственного университета им. Н.Ф.Катанова, 2003: 98.

шений между словами. Согласно их позиции, формы числа субстантивов, «имея различное реальное значение, представляют собой не изменения одного и того же слова, а различные слова. Эти формы поэтому называются также формами словообразования».[①] Близка к данному подходу точка зрения В.В.Виноградова. Он полагал, что своеобразие категории числа имени существительного состоит в том, что грамматические значения числа активно взаимодействуют с лексическими значениями. По мнению ученого, «категория числа в строе имени существительного, так же как и категория рода, является категорией лексико-грамматической».[②]

Особую позицию занимает А.В.Бондарко. С точки зрения ученого, формы числа существительных целесообразно отнести к словоизменению. При этом, как полагает А.В.Бондарко, возникает необходимость четкой дифференциации двух типов словоизменения:

1) последовательно коррелятивного и альтернационного – «чистого» словоизменения, наиболее четко противопоставленного словообразованию;

2) непоследовательно коррелятивного и деривационного – той разновидности словоизменения, которая обнаруживает черты переходности к несловоизменительному (классификационному) формообразованию. С учетом такой дифференциации морфологических категорий грамматическое число существительных относится к непоследовательно коррелятивным категориям.[③]

Как и большинство современных ученых, мы считаем, что число суще-

---

① Аванесов Р.И., Сидоров В.Н. Очерк грамматики русского литературного языка (Ч. 1. Фонетика и морфология) [М]. М.: Учпедгиз, 1945: 69, 70.

② Виноградов В.В. Русский язык (Грамматическое учение о слове) [М]. М.: Высш. шк., 1986: 135.

③ Бондарко А.В. Теория морфологических категорий и аспектуальные исследования [М]. М.: Языки славянских культур, 2005: 104, 106.

ствительных – это словоизменительная морфологическая категория, так как она способна противопоставлять формы одной и той же лексемы. Доказательством этого служат многочисленные случаи противопоставления форм единственного и множественного числа у большинства конкретных существительных, образующих ядро данной части речи.

2.1.2 Мнение Г.И.Пановой

По мнению Г.И.Пановой, среди морфологических категорий можно выделить облигаторные и необлигаторные категории. Различие между ними состоит в том, что реализация облигаторной категории обязательна для всех словоформ данной части речи. Например, для всех склоняемых существительных обязательны морфологические формы падежа. Напротив, реализация необлигаторной категории является необязательной для всех слов данной части речи и не обусловлена реализацией другой морфологической категории. Употребление одной из форм такой категории продиктовано только значимостью ее семантики для содержательной структуры высказывания. К необлигаторным категориям исследователь, в частности, относит морфологические категории степени сравнения прилагательных, наречий и слов категории состояния.[①]

Вслед за Г.И.Пановой мы рассматриваем грамматическое число существительных как облигаторную морфологическую категорию.

① Панова Г.И. Современный русский язык. Морфология: словарь-справочник (Часть I) [M]. Абакан: Издательство Хакасского государственного университета им. Н.Ф.Катанова, 2003: 29.

2.1.3 По основному характеру содержания морфологических категорий их принято делить на категории с семантической и со структурной доминантой

По основному характеру содержания морфологических категорий их принято делить на две группы: категории с семантической и со структурной доминантой. Многие ученые полагают, что грамматическое число субстантивов представляет собой категорию с семантической доминантой. Так, согласно мнению А.В.Бондарко, число существительных следует отнести к категориям с семантической доминантой, которые совмещают семантические функции со структурными согласовательными функциями. Семантические функции основаны на понятийном, концептуальном содержании (на которое могут наслаиваться различные эмоциональные и экспрессивные содержательные элементы).[①] Сходной точки зрения придерживается Г.И.Панова, которая характеризует грамматическое число субстантивов как категорию содержательную, со структурной значимостью.[②] Мы также будем придерживаться данного подхода.

2.1.4 Мнение Е.В.Клобукова

Е.В.Клобуков считает возможным классифицировать морфологические категории по такому критерию, как отношение «...семантической категориальной оппозиции с соответствующей понятийной категорией». По его мнению, число существительных принадлежит той части

① Бондарко А.В. Теория морфологических категорий и аспектуальные исследования [M]. М.: Языки славянских культур, 2005: 45.

② Панова Г.И. Современный русский язык. Морфология: словарь-справочник (Часть I) [M]. Абакан: Издательство Хакасского государственного университета им. Н.Ф.Катанова, 2003: 98.

грамматической системы русского языка, которая не соответствует полностью мыслительной, или понятийной, категории. Дело в том, что понятийная категория количества является многоплановой, а грамматическое число субстантивов отражает лишь один из уровней числового противопоставления: «один» – «не один»①.

2.1.5 Морфологические категории могут быть рассмотрены с точки зрения преимущественно отражательного или интерпретационного характера их семантического содержания

Данная классификация распространяется прежде всего на морфологические категории с семантической доминантой. Вместе с тем она охватывает и семантические функции категорий с преобладающим структурным содержанием. Большинство ученых (например, А.В.Бондарко, Г.И.Панова) сходится во мнении, согласно которому число субстантивов имеет преимущественно отражательный характер семантики, так как в его семантическом содержании преобладает отражение различий в отношениях объективной действительности.② Мы в своей работе также будем следовать этой точке зрения.

2.1.6 Мнение А.В.Бондарко

Согласно мнению А.В.Бондарко, могут быть выделены три типа морфологических категорий: 1) категории, передающие тот или иной аспект отношения содержания высказывания к действительности с позиции гово-

① Клобуков Е.В. Теоретические проблемы русской морфологии [М]. М.: Изд-во Моск. ун-та, 1979: 81-82.

② Бондарко А.В. Теория морфологических категорий и аспектуальные исследования [М]. М.: Языки славянских культур, 2005: 48-49.

рящего (актуализационные); 2) категории, не выражающие данного отношения (неактуализационные); 3) категории, которые не заключают в своем содержании постоянного актуализационного признака, но могут участвовать наряду с другими средствами в его выражении (категории с переменной актуализационной значимостью). Мы поддерживаем позицию А.В.Бондарко, который полагает, что число существительных относится ко второму типу морфологических категорий.①

2.1.7 По признаку синтагматической значимости могут быть выделены синтагматически сильные и синтагматически слабые

По признаку синтагматической значимости могут быть выделены два типа морфологических категорий: синтагматически сильные и синтагматически слабые. В свою очередь синтагматически сильные категории делятся на две подгруппы – синтагматически обусловливающие и синтагматически обусловленные. При рассмотрении этого вопроса мы следуем позиции А.В.Бондарко, который относит число существительных к синтагматически обусловливающим категориям.②

Итак, если иметь в виду основные характеристики числа существительных, то можно согласиться с позицией Г.И.Пановой, которая считает, что число существительных – это категория семантическая, обладающая также структурной значимостью, отражательная, облигаторная, словоизменительная③.

① Бондарко А.В. Теория морфологических категорий и аспектуальные исследования [M]. M.: Языки славянских культур, 2005: 51.

② Бондарко А.В. Теория морфологических категорий и аспектуальные исследования [M]. M.: Языки славянских культур, 2005: 66.

③ Панова Г.И. Морфология русского языка: Энциклопедический словарь-справочник [M]. M.: КомКнига, 2010: 98.

2.2 Семантика грамматического числа субстантивов

Обзор научных работ, посвященных содержательному аспекту числа существительных, показывает, что у исследователей нет единства мнений по этому вопросу. Согласно одному из подходов, главное противопоставление форм числа основано на семантическом признаке расчлененности – нерасчлененности объекта. Множественное число представляет объект как расчлененный на части, единственное – как некую целостность.[①]

Существуют и другие трактовки данного вопроса. По мнению И.И.Ревзина, значения форм единственного и множественного числа образуются на основе не одного, а двух бинарных противопоставлений: множественности (маркированный признак) и немножественности; неопределенности (маркированный признак) и определенности.[②] Указанные противопоставления, как полагает ученый, могут нейтрализоваться. Одним из случаев «нейтрализации противопоставления единственности – множественности является так называемое дистрибутивное единственное число, когда сначала указано множество объектов (чаще всего лиц) и предполагается, что каждому из объектов приписан объект из другого множества, например: *Женщины* (исходное множество) *до сих пор купаются там в платье* (менее естественно в платьях) или *женщины в вечернем туалете*, возможно и *в вечерних туалетах*». Происходит также нейтрализация форм числа по признаку определенности – неопределенности. Эти случаи нейтрализации наблюдаются более часто, так как «противопоставление по определенности – неопределенности

① Исаченко А.В. О грамматическом значении [J]. Вопросы языкознания, 1961 (01): 34-43.

② Ревзин И.И. Так называемое «немаркированное множественное число» в современном русском языке [J]. Вопросы языкознания, 1969 (03): 103.

‹...› является слабым, сопутствующим». Нейтрализации способствует контекст, указывающий на определенность для множественного числа (слова типа *все*, *любые* и т.п.) или неопределенность (слова типа *некий*, *какой-то*) для единственного числа. Обобщая, И.И.Ревзин пишет, что «противопоставление определенности – неопределенности, оставаясь вторичным и неграмматикализованным в русском языке и избыточным в обычных условиях, все же достаточно глубоко проникает в грамматическую систему и не может полностью игнорироваться».①

О.Г.Ревзина инвариантным значением оппозиции по числу считает признак целостности – нецелостности. При этом она выделяет пространственно-временную и качественную целостность. «В единственном числе объект мыслится как качественно целостный, независимо от пространственно-временной целостности», «во множественном числе объект мыслится как нецелостный в пространственно-временном отношении, независимо от качественной целостности».②

В.А.Плотникова полагает, что противопоставление форм числа основано на признаке ‘один’ (единичности) и ‘больше одного’ (множественности). Единственное число обозначает, что предмет представлен в количестве, равном одному, а множественное число обозначает, что предмет представлен в количестве большем, чем один.③ Сходная точка зрения содержится и в работах Г.И.Пановой, которая пишет, что сознанием носителей языка категория числа существительных сформирована для отражения количества дискрет-

① Ревзин И.И. Так называемое «немаркированное множественное число» в современном русском языке [J]. Вопросы языкознания, 1969 (03): 106-108.

② Ревзина О.Г. Категория числа в поэтическом языке [M] // Актуальные проблемы русской морфологии. М.: Изд-во МГУ, 1988: 66.

③ Плотникова В.А. Имя существительное [M] // Русская грамматика: в 2 т. Т. 1. М.: Наука, 1980: 472.

ных объектов, т.е. расчлененных, ограниченных в пространстве, а также во времени: *дом – дома, белка – белки, день – дни*. Понятие каждого такого объекта может ассоциироваться с понятием единичности или дискретного множества, что и является содержанием данной категории.[①] В нашей работе мы будем придерживаться последней из представленных точек зрения, считая, что основными значениями форм единственного и множественного числа являются значения единичности и расчлененной множественности.

Кроме основных значений форм числа, выделяются и вторичные (или, в иной терминологии, лексически и контекстуально обусловленные) значения. Например, В.А.Плотникова отмечает употребление форм единственного числа в обобщенно-собирательном и дистрибутивном значениях. В первом случае указание на количество несущественно (*Пожилой* **человек** *часто простужается*). В случае дистрибутивного употребления формы единственного числа выступают вместо форм множественного числа при условии, что предмет, обозначенный формой единственного числа, есть у многих (*Старики надели на* **нос** *очки*). Формы множественного числа могут использоваться в значении совокупности. Такое употребление характерно для форм множественного числа, обозначающих людей по национальности, профессии, по роду занятий, по функции: *англичане, немцы, русские; журналисты, писатели, спортсмены; офицеры, солдаты, гости*.[②]

О.Н.Ляшевская выделяет следующие контекстные значения единственного и множественного числа:

---

① Панова Г.И. Современный русский язык. Морфология: словарь-справочник (Часть I Изд. второе, исп. и доп) [M]. Абакан: Издательство Хакасского государственного университета им. Н.Ф.Катанова, 2003: 98.

② Плотникова В.А. Имя существительное [M] // Русская грамматика: в 2 т. Т. 1. М.: Наука, 1980: 472.

- «множественное и единственное родовое»: **Норвежцы** *высокого роста*; **Собака** – *друг человека*;

- «множественное и единственное дистрибутивное»: *Все повернули* **голову / головы** *в сторону двери*;

- «множественное гиперболическое»: *Не дави живых* **людей** – *я еще не умерла*;

- «множественное генерализующее»: (к ребенку) **Детям** *пора спать*;

- «единственное обобщенно-собирательное»: *наш многомиллионный* **зритель**;

- «единственное экземплифицирующее (партикуляризующее)»: **Швед, русский** – *колет, рубит, режет*;

- «единственное экспрессивное»: *Что я там делаю?* – **пробирку** *мою* (в значении ‘пробирки’);

- «множественное видовое» (при назывании веществ и свойств): *вина, жиры, гадости, нелепости*;

- «множественное эмфатическое» (при обозначении большого количества веществ и пространственных объектов): *снега, пески, воды, леса*;

- «множественное собирательное» (связанное с обозначением лиц по национальности, профессии, а также овощей, плодов и т.п.): *итальянцы, солдаты, абрикосы, ягоды*;

- «множественное пар и наборов»: *ботинки, берега, пальцы*;

- «множественное ассоциативное» (при фамилиях): *Петровы* (Петров и его семья).[①]

Особый интерес у исследователей вызывает употребление существительных единственного числа в обобщенно-собирательном значении.

---

① Ляшевская О.Н. Семантика русского числа [M]. M.: Языки русской культуры, 2011: 18-19.

Данному вопросу посвящены исследования А.А.Потебни, а также работы ученых нашего времени – Л.А.Брусенской, Д.О.Руденко и др. Сложным представляется, в частности, вопросо группах существительных, для которых характерно употребление форм единственного числа в обобщенно-собирательном значении. Так, в монографии «Русский язык и советское общество» перечислены следующие группы субстантивов, употребляемых в обобщенно-собирательном значении: 1) названия лиц по профессии, общественной и политической деятельности; 2) обозначения животных, птиц, рыб, злаков, машин и других предметов, связанных с практической деятельностью человека.[①]

Сложность проблемы состоит также в том, что слова, относящиеся к одной тематической группе, ведут себя по-разному. Так, в статье А.К.Поливановой проанализирована группа существительных, называющих плоды, овощи, цветы и имеющих коррелятивные формы числа, а также показано различие в выражении собирательного значения. Одни существительные строго употребляются только в форме единственного числа при обозначении собирательного множества: *в магазин привезли тыкву, свеклу, репу, брюкву,* другие – в форме множественного числа: *в магазин привезли лимоны, мандарины, огурцы, помидоры*.[②]

Имея в виду семантику категории числа, мы рассматривали главным образом те работы, в которых представлены подходы к описанию грамматических значений конкретных существительных. Особую блему составляет анализ семантики плюральных форм неконкретных

① Панова М. В. Русский язык и советское общество: Социолого-лингвистическое исследование (Кн. 1-4) [M]. М.: Наука, 1968: 166.

② Поливанова А.К. Выбор числовых форм существительных в русском языке [M] // Проблемы структурной лингвистики. М.: Наука, 1981: 130-142.

существительных – отвлеченных, вещественных, собирательных слов, а также имен собственных. Так, по мнению В.А.Плотниковой, у ряда вещественных и отвлеченных существительных может выражаться противопоставление «единичность – множественность»; но при этом имеет место расхождение лексических значений форм единственного и множественного числа. Вещественные существительные во множественном числе обозначают виды, типы или сорта называемых веществ: *вино – вина* (форма множественного числа обозначает сорта вин); *масло – масла* (растительные, животные, технические), *вода – воды* (минеральные), *крупа – крупы* (манная, гречневая, овсяная). Плюральные формы отвлеченных существительных называют проявления различных качеств, свойств, эмоциональных состояний: *возможность – возможности* (средство, условие, необходимое для осуществления чего-н., возможное обстоятельство); аналогично: *скорость – скорости*. Ряд отвлеченных существительных во множественном числе называет многоактное действие: *гонка – гонки*, *сбор – сборы*. Некоторые собирательные существительные во множественном числе, и соответственно в единственном числе, называют устройства или конкретные множества: *аппаратура – аппаратуры* (лабораторий); *клавиатура – клавиатуры* (органа). Кроме того, отношение «единичность – множественность» может отражать не числовое противопоставление, а соотношения по массе, объему, например: *вода* (в реке, в колодце) – *воды* (водные пространства, потоки воды), *песок – пески*, *снег – снега*, или по силе, интенсивности проявления: *боль – боли*, *мука – муки*. Имена собственные часто используются для обобщенного обозначения однородных предметов и становятся при этом нарицательными, например: *держиморда, донкихот, донжуан; Мы все глядим в Наполеоны*

(Пушк.).[①]

В.И.Дегтярев, описывая категорию числа в славянских языках, рассматривает также русские субстантивы анумеральной семантики, выражающие несчитаемые понятия (слова собирательные, вещественные и отвлеченные). При образовании множественного числа эти существительные в соответствии с особенностями денотатов выражают иные, отличные от простой множественности, значения, основанные на расчлененности, раздельности, рассредоточенности, протяженности, интенсивности и других объективных квантитативных свойствах предметов и явлений действительности.[②]

Ученый также характеризует каждый из этих разрядов существительных отдельно. Так, отмечено, что формы множественного числа собирательных слов подчеркивают количественную определенность, индивидуальность, отдельность и значимость каждого предмета, входящего во множество. Кроме того, эти формы выражают идею увеличения, интенсивности, массовости. На основе этого значения развивается стилистическая функция форм множественного числа (множественное увеличительное или интенсивное, широко известное в поэтическом стиле).[③]

При образовании множественного числа от вещественных существительных происходит конкретизация значения и последующая лексическая изоляция плюральных форм от форм единственного числа. Оказавшиеся в изоляции формы множественного числа получили новые смысловые и стилистические функции. Например, формы множественного

① Плотникова В.А. Имя существительное [М] // Русская грамматика: в 2 т. Т. 1. М.: Наука, 1980: 460, 473.

② Дегтярев В.И. Категория числа в славянских языках [М]. Ростов: Изд-во Ростовского университета, 1982: 11.

③ Дегтярев В.И. Категория числа в славянских языках [М]. Ростов: Изд-во Ростовского университета, 1982: 99.

числа, обозначавшие растения и злаки, были лексикализованы в значении «поля, пространства, поросшие этими растениями», «посевы».[①]

Исследователь обращается также к рассмотрению отвлеченных слов. По мнению В.И.Дегтярева, в форме единственного числа генетически, в связи с развитием абстракции, происходит качественное изменение логического содержания слова – движение выражаемого понятия от конкретного, представляемого материализованно, к обобщенно-абстрактному. Вместе с тем в той или иной коммуникативной ситуации имя отвлеченное может обозначать и вполне конкретный, хотя и мыслимый абстрагированно от предмета, определенный акт совершения действия, конкретное проявление определенного признака, свойства и состояния. В таком случае оно естественно образует формы множественного числа в значении логической множественности, например: *радость – радости, договоренности – договоренности.*[②] Поскольку отвлеченное значение, выражаемое формой единственного числа, становится актуальным и основным, образование формы множественного числа от того же слова воспринимается как результат изменения исходного отвлеченного значения, семантического сдвига от номинативного отвлеченного к производному от него конкретизированному значению. В результате этого формы множественного числа начинают соотноситься с номинативными формами единственного числа как семантически обособленные от них или даже лексикализованные в новых значениях.[③]

Обзор рассмотренных работ свидетельствует о сложности проблемы

---

① Дегтярев В.И. Категория числа в славянских языках [M]. Ростов: Изд-во Ростовского университета, 1982: 177, 186.

② Дегтярев В.И. Категория числа в славянских языках [M]. Ростов: Изд-во Ростовского университета, 1982: 218-219.

③ Дегтярев В.И. Категория числа в славянских языках [M]. Ростов: Изд-во Ростовского университета, 1982: 220.

семантики категории числа. При исследовании этого вопроса мы придерживаемся позиции В.А.Плотниковой, Г.И.Пановой и других ученых, которые считают, что грамматические формы числа конкретных существительных выражают противопоставление по основному семантическому признаку единичности и расчлененной множественности. Формы единственного числа обозначают единичность предмета, тогда как плюральные формы выражают значение расчлененной множественности предметов. Кроме основных значений, формы числа существительных имеют также и вторичные (неосновные) значения. Так, формы единственного числа наиболее часто выражают обобщенно-собирательное и дистрибутивное значения. Плюральные формы чаще используются в значении совокупности, реже – в значении гиперболического множественного.

2.3 К проблеме эстетических ресурсов категории числа (анализ лингвистической литературы)

Морфологические средства русского языка принадлежат к наименее изученным с точки зрения реализации их эстетических возможностей. Проблема эстетических ресурсов категории числа также еще не получила глубокого системного освещения. Можно говорить лишь об отдельных наблюдениях, касающихся анализа эстетического потенциала этой категории.

Так, А.А.Потебня при описании стилистических приемов, используемых в художественном тексте, упоминает и о грамматических формах числа. Характеризуя синекдоху, ученый указывает на возможность употребления формы единственного числа при отражении однородного множества предметов («часть вместо целого»), а также множественного числа при обозначении делимого вещества, вещей, представляющих множество предметов («целое вместо части»).[①]

Анализируя особенности индивидуального стиля В.Маяковского, Г.О.Винокур отмечает частое употребление в его стихотворных произведениях плюральных форм существительных. В рамках функционирования названных словоформ исследователь обращает внимание на своеобразие использования имен собственных, а также отвлеченных и вещественных существительных, что связано с семантическими и стилистическими трансформациями предметных лексем. В частности, указывается, что подобные слова «в форме множественного числа способны приобретать экспрессию фамильярной речи, нередко с пренебрежительным оттенком»[②]. Анализ идиостиля В.Маяковского приводит ученого к следующему обобщению: «Категория числа имен существительных в русском языке гораздо менее формальна, чем категория рода, и по большей части непосредственно соотносима с самим содержанием слова. По существу, всякое существительное может обладать формой числа, и именно этой возможностью, которая объективно дана в языке, и объясняются относительно частые случаи экспериментирования данной категорией у Маяковского»[③].

Описывая особенности употребления языковых единиц в художественной речи, А.И.Ефимов пишет и о формах числа существительных. Однако его наблюдения касаются главным образом таких качеств грамматических единиц, как изобразительность и экспрессивность.

---

① Потебня А.А. Теоретическая поэтика [М]. М.: Высш. шк., 1990: 171-181.

② Винокур Г.О. О языке художественной литературы: учеб. пособие для филол. спец. вузов [М]. М.: Высш. шк., 1991: 353-354.

③ Винокур Г.О. О языке художественной литературы: учеб. пособие для филол. спец. вузов [М]. М.: Высш. шк., 1991: 355.

С точки зрения ученого, единственное число по сравнению с плюральными формами обладает большей экспрессивностью. Обосновывается этот вывод тем, что образное, метафорическое значение слова в большинстве случаев свойственно лишь формам единственного числа. Данным грамматическим формам в большей степени характерна изобразительная роль, так как они широко употребляются для обозначения множественности. А.И.Ефимов полагает, что «это перенесение и смещение форм числа сопровождается появлением дополнительных смысловых оттенков, которые сообщают выражениям экспрессию разговорности и фамильярности»[①]. Плюральные формы числа также обладают экспрессивностью: в частности, используя фамилии во множественном числе, говорящий дает обобщенную, нарицательную характеристику (*Хлестаковы*, *Балалайкины*).[②]

В.П.Ковалев считает, что экспрессивные возможности грамматического уровня менее значительны сравнительно с остальными языковыми ярусами ввиду того, что устойчивость единиц этого уровня препятствует их индивидуально-авторской трансформации. «Однако в произведениях многих писателей можно указать на довольно яркие примеры выразительного использования средств грамматики, если они <...> экспрессивно-целенаправленно обыгрываются автором»[③].

Имея в виду экспрессивные возможности категории числа, ученый отмечает окказиональные образования форм множественного числа существительных, употребляемых в русском языке только в единственном числе. Образцом для подобных употреблений слов является наличие в языке форм типа *вина*, *возможности* и др. Такие формы могут быть

① Ефимов А.И. Стилистика художественной речи [М]. М.: Изд-во Моск. ун-та, 1961: 317.

② Ефимов А.И. Стилистика художественной речи [М]. М.: Изд-во Моск. ун-та, 1961: 317, 319.

③ Ковалев В.П. Выразительные средства художественной речи [М]. Киев: Рад. шк., 1985: 91.

собственно морфологическими окказионализмами, если служат лишь для обозначения множественности, без изменения лексического значения слова. Нередко морфологическая окказиональность сочетается с семантической, поскольку «в смысловой структуре имени существительного с формами числа связаны различия не только грамматические, но и лексико-семантические»: *красота – красоты*, *любовь – любови.*[①] С точки зрения исследователя, определенная экспрессивность характерна также для форм множественного числа личных имен, которые в таких случаях становятся нарицательными существительными, так как выражают обобщенные значения свойств, характерных соответствующим историческим лицам. Достаточно выразительными оказываются и плюральные формы числа географических названий: *Уралы, Байкалы, Амуры, Дальние Востоки*. Кроме того, В.П.Ковалев обращает внимание на использование узуальной, хотя и несколько необычной формы *человеки*, фиксируемой в современных толковых словарях как шутливый (и устаревший) вариант к основной словоформе *люди.*[②]

К другому способу экспрессивного использования числа существительных автор относит случаи, когда «форма единственного числа может обозначать множество, поэтически изображаемое как единичность». Общеязыковым аналогом этому способу является употребление форм единственного числа слов в собирательном значении. Такие формы личных существительных живо передают обобщенную множественность людей с различными, преимущественно отрицательными, оттенками, нередко просторечного или профессионально-арготического характера.[③]

① Ковалев В.П. Выразительные средства художественной речи [М]. Киев: Рад. шк., 1985:91-92.

② Ковалев В.П. Выразительные средства художественной речи [М]. Киев: Рад. шк., 1985: 92-93.

③ Ковалев В.П. Выразительные средства художественной речи [М]. Киев: Рад. шк., 1985: 93-94.

Анализу выразительности грамматических форм числа в поэтической речи посвящена статья О.Г.Ревзиной «Категория числа в поэтическом языке». В то же время некоторые наблюдения автора касаются и вопроса эстетических возможностей категории числа. Как считает исследователь, полноценный анализ выразительных средств поэтического языка требует обращения не к конгломерату примеров из разных авторов, а к конкретному поэтическому идиолекту.[①] В качестве материала для анализа используются поэтические произведения М.Цветаевой. С целью исследования ее поэтического идиолекта анализируются два контрастных этапа творчества – 10-е и 20-е гг. прошлого столетия. Эти этапы дифференцируются как поэтическое мышление «классами» и поэтическое мышление «признаками». Ученый полагает, что мышление классами эксплуатирует выразительные возможности форм единственного числа, мышление признаками – форм множественного числа. Реальность данных форм поэтического мышления подтверждается тем, что они синхронно не совмещаются между собой: «...так, в поэтическом идиолекте М.Цветаевой Ревность и Низость исчезают, когда появляются ревности и низости»[②]. С формой единственного числа О.Г.Ревзина связывает символическое употребление, рождающееся из представления о качественной целостности объекта вне зависимости от конкретных пространственно-временных реализаций. Форма множественного числа, сигнализируя о пространственно-временной нецелостности, тем самым актуализирует значение самого существования

① Ревзина О.Г. Категория числа в поэтическом языке [M] // Актуальные проблемы русской морфологии. М.: Изд-во МГУ, 1988: 68-69.

② Ревзина О.Г. Категория числа в поэтическом языке [M] // Актуальные проблемы русской морфологии. М.: Изд-во МГУ, 1988: 69.

этого времени и пространства.①

По мнению О.Г.Ревзиной, выразительные возможности форм множественного числа несравненно более богаты по сравнению с формами единственного числа. Плюральные формы «...не только способны к категориальному изменению значения, но и легко метафоризуются». Формы множественного числа являются эффективным средством, позволяющим автору поэтического произведения «представить общее суждение о мире в зримых, опирающихся на повседневный опыт носителей языка образах»②.

Значительное внимание уделяется функционированию плюральных форм отвлеченных существительных на втором этапе развития идиолекта М.Цветаевой. Этот этап характеризуется построением поэтических высказываний, имеющих высокую степень обобщенности и максимально широкую область референции. Формы множественного числа постоянно напоминают, что абстрактные понятия мыслятся как овеществленные и за ними стоит все неограниченное множество их референциальных реализаций. Данные формы имеют большой семантический потенциал, создавая своеобразные «моделирующие» номинации.③

Благодаря анализу употребления плюральных форм неконкретных существительных (*шелесты, счастья, уюты, глины* и др.) О.Г.Ревзина делает вывод о том, что цветаевский поэтический мир представляет собой синтез физического и психического начала «быта» и «бытия». Следовательно, изучение закономерностей функционирования

---

① Ревзина О.Г. Категория числа в поэтическом языке [M] // Актуальные проблемы русской морфологии. М.: Изд-во МГУ, 1988: 70-71.

② Ревзина О.Г. Категория числа в поэтическом языке [M] // Актуальные проблемы русской морфологии. М.: Изд-во МГУ, 1988: 71-72.

③ Ревзина О.Г. Категория числа в поэтическом языке [M] // Актуальные проблемы русской морфологии. М.: Изд-во МГУ, 1988: 75-76.

грамматических форм числа позволило автору выявить важные особенности идиостиля М.Цветаевой – содержательные характеристики, передающие индивидуально-авторское видение мира.[①]

Выразительные возможности форм числа существительных, используемых в стихотворных произведениях, рассмотрены И.А.Ионовой.[②] Исследователь поддерживает мнение В.П.Ковалева, считающего категорию числа одной из наиболее активных с точки зрения художественной ценности, так как она обладает самой гибкой системой формообразования; именно в рамках этой категории обнаруживается наибольшее количество стилистически маркированных форм. И.А.Ионова обстоятельно анализирует выразительные возможности форм множественного числа, образуемых от существительных singularia tantum. Рассмотрены особенности функционирования в поэтической речи существительных разных лексико-грамматических разрядов – отвлеченных, вещественных, собирательных, а также имен собственных. В процессе анализа отвлеченных субстантивов, в частности, отмечаются определенные традиции употребления в поэтических текстах плюральных форм существительных *любовь*, *дружба*. В целом ряде случаев при использовании форм множественного числа указывается на роль метонимического переноса в соответствии с существующими моделями типа процесс → результат, признак → его носитель. Автор справедливо полагает, что характер семантических сдвигов связан с тематической группой, в которую входит отвлеченное существительное, что хорошо аргументируется на материале тематических групп «цветообозначения» и «звуки».[③]

---

① Ревзина О.Г. Категория числа в поэтическом языке [М] // Актуальные проблемы русской морфологии. М.: Изд-во МГУ, 1988: 78.

② Ионова И.А. Морфология поэтической речи [М]. Кишинев: Штиинца, 1988: 69-111.

③ Ионова И.А. Морфология поэтической речи [М]. Кишинев: Штиинца, 1988: 72-77.

Отдельные наблюдения над функционированием плюральных форм связаны с эстетическим потенциалом категории числа. Так, при анализе стихтворения И.Сельвинского «Сирень» выявлено образное употребление плюральной формы *счастья*, обозначающей в контексте произведения пятипалые цветки сирени. Отмечено, что значительными образными возможностями обладают и имена собственные при употреблении их во множественном числе. Так, *Д'Артаньяны* (в одном из стихотворений Ю.Друниной) – это молодые, храбрые парни, жаждущие подвигов и славы.[①]

Представлен также анализ выразительности конкурирующих форм множественного числа типа *ветры – ветра*, *штормы – шторма*. По мнению И.А.Ионовой, «сила, энергичность форм на *-а* осознается и используется ... нашими современниками», однако изучение текстового материала выявляет достаточно «пеструю картину ... функционирования именительного падежа множественного числа в произведениях русских советских поэтов»[②].

И.Б.Голуб, рассмотрев стилистическую активность форм числа существительных, высказывает мнение, совпадающее с позицией А.И.Ефимова. Исследователь полагает, что формы единственного числа обладают повышенной экспрессивностью, так как у них особенно часто развивается метафорическое значение. Отмечается также образное употребление форм единственного числа, выражающих обобщенно-собирательное значение. И.Б.Голуб обращает внимание и на экспрессивность плюральных форм, в частности имен собственных: «Яркую экспрессию заключают в себе формы множественного числа существительных – имен собственных, и прежде всего фамилий, при

① Ионова И.А. Морфология поэтической речи [М]. Кишинев: Штиинца, 1988:72, 85.

② Ионова И.А. Морфология поэтической речи [М]. Кишинев: Штиинца, 1988: 108, 111.

образном их переосмыслении в результате антономазии»[1].

Исследованию ономастических единиц с точки зрения полевого моделирования посвящена диссертация В.И.Супруна. При описании коммуникативного и прагмалингвистического потенциала имен собственных автор рассматривает и некоторые их грамматические особенности. В частности, анализ употребления плюральных форм антропонимов в современном политическом дискурсе позволил ученому сделать вывод о том, что они выражают саркастическо-презрительную коннотацию и являются показателями функции отчуждения: *собчаки сбегают, чубайсы воруют, березовские интригуют*.[2]

Авторы «Поэтической грамматики» рассматривают индивидуальные черты использования форм числа в произведениях русских поэтов в контексте проблемы соотношения грамматики и стиховой формы. Материалом для исследования послужили поэтические произведения И.Анненского, А.Блока, Н.Гумилева, И.Северянина, Н.Хлебникова. Анализ употребления описываемых грамматических единиц в произведениях этих поэтов проводился по следующим аспектам: 1) функционирование форм единственного числа существительных, называющих парные предметы (*глаз, рука, крыло* и др.); 2) использование нестандартных форм множественного числа абстрактных и вещественных существительных; 3) варьирование согласования по грамматическому признаку числа в сравнениях; 4) отсутствие согласования в однородных членах; 5) выражение

---

① Голуб И.Б. Грамматическая стилистика современного русского языка: учебное пособие [M]. М.: Высш. шк., 1989: 42-43.

② Супрун В.И. Ономастическое поле русского языка и его художественно-эстетический потенциал: автореф. [D]. Волгоград: ВГПУ, 2000: 21.

отношений «целое – часть», «лицо – его принадлежность»①. В частности, изучение текстового материала в рамках третьего аспекта позволило выявить противоположность систем Н.Гумилева и В.Хлебникова. У Хлебникова преобладают сравнения «множественное как единственное» (со значительно более редким типом обратных отношений), у Гумилева – «единственное как множественное»②.

С.Б.Аюпова анализирует функционирование грамматических форм числа существительных с пространственным значением (локонимов) в связи с описанием языковой художественной картины мира И.С.Тургенева. Результаты ее исследования показывают, что функции форм числа в пространственной организации мира художественной прозы зависят, с одной стороны, от взаимодействия грамматических значений с лексическими, с другой стороны, они определяются синтагматикой слова, контекстом.③ По мнению автора, бóльшая часть форм единственного числа участвует в создании сюжета. Для локонимов в форме множественного числа со значениями расчлененной или нерасчлененной множественности характерна функция пространственной гиперболизации. Немногочисленные формы множественного числа топонимов применяются в художественной прозе писателя в характерологической функции. С помощью этих словоформ дается негативная оценка чужому пространству и возникает

① Ковтунова И.И. и др. Поэтическая грамматика (Том I) [M]. М.: ООО Издательский центр «Азбуковник», 2005: 189.

② Ковтунова И.И. и др. Поэтическая грамматика (Том I) [M]. М.: ООО Издательский центр «Азбуковник», 2005: 234.

③ Аюпова С.Б. Роль грамматической категории числа существительного с пространственным значением в формировании языковой художественной картины мира И.С.Тургенева [J]. Вестник ВЭГУ, 2011(03): 59.

собирательный образ чужого мира.①

2.4 Предпосылки, способствующие актуализации эстетических потенций категории числа

Анализ художественных произведений показал, что реализации эстетических ресурсов числа существительных способствуют следующие предпосылки.

2.4.1 Особенности семантики категории числа существительных

В качестве одной из таких предпосылок отметим особенности семантики данной категории. В лингвистической литературе указывается, что, кроме основных значений, формы числа русских субстантивов в зависимости от лексического значения, условий контекста могут иметь и вторичные (неосновные, производные) значения. У форм единственного числа в качестве вторичных наиболее часто называют обобщенно-собирательное и дистрибутивное значения, у плюральных форм – собирательное и гиперболическое значения. С нашей точки зрения, реализация эстетических возможностей форм числа связана главным образом с употреблением этих грамматических единиц в обобщенно-собирательном значении. Так, используемые В.Брюсовым формы единственного числа существительных *моряк*, *дровосек*, *Человек* с обобщенно-собирательным значением, включаясь в систему средств отражения возвышенного, способствуют созданию своеобразного гимна человечеству: *Молодой* **моряк** *вселенной, / Мира древний*

① Аюпова С.Б. Роль грамматической категории числа существительного с пространственным значением в формировании языковой художественной картины мира И.С.Тургенева [J]. Вестник ВЭГУ, 2011 (03): 60, 62, 63.

дровосек, */ Неуклонный, неизменный, / Будь прославлен,* **Человек***!* («Хвала человеку»). Для воплощения этого же типа авторской эмоциональности употребляются формы единственного числа существительных *крестьянин*, *пролетарий* и *властитель* в стихотворном произведении А.Тинякова «Красная армия»: *Встали все, кто был горем изранен, / Кто в слезах и крови утопал: / Сверг помещичье иго* **крестьянин**, */* **Пролетарий** – **властителем** *стал.* В приводимом далее примере форма единственного числа *человек*, также употребленная в обобщенно-собирательном значении, способствует созданию образа, обладающего высокой степенью обобщения, что придает размышлениям автора философский характер: **Человек** *стремится в простоту, / как небесный камень – в пустоту, / медленно сгорает / и за предпоследнюю черту / нехотя взирает…* (Б.Окуджава. «Человек стремится в простоту…»).

2.4.2 Отсутствие универсального аффикса, выражающего значение множественного числа

Следующей предпосылкой актуализации эстетического потенциала числа является отсутствие универсального (стандартного) аффикса, выражающего значение множественного числа, наличие которого характерно, например, для тюркских языков (ср. в татарском: *ат – атлар, бакча – бакчалар*), для германских языков (ср. в английском: *book – books, photo – photos*). Для подтверждения своего тезиса обратимся к рассмотрению средств выражения множественного числа у существительных, называющих детенышей животных (*медвежонок, зайчонок, цыпленок* и др.). Как известно, средствами выражения данного значения в соответствии с языковой нормой служат суффикс *-ат* и окончание *-а*. Однако в разговорной речи или в художественном тексте с целью реализации определенной интенции адресанта значение плюральной формы может быть выражено иначе, а именно с помощью использования флексии *-и* и чередования звуков. Приведем в качестве примера фрагмент стихотворного текста: *Дорожкой сада вперегонки, / Из всех сараев и закут / Вприпрыжку гадкие* **утенки** */ И даже Золушки бегут.* (В.Шаламов. «Дождя, как книги, слышен шелест…»).

2.4.3 Неполная парадигма категории числа

Эстетически значимое употребление формы числа в целом ряде случаев обусловлено наличием существительных, имеющих в системе языка неполную парадигму категории числа. Наиболее часто для создания художественного эффекта используются плюральные формы, которые в соответствии с языковой нормой отсутствуют в парадигме числа существительных singularia tantum. Например, в стихотворении М.Цветаевой «Один офицер» форма родительного падежа множественного числа *желез·* используется в качестве лаконичного и в то же время образного обозначения различных видов оружия, которыми было оснащено подразделение немецких солдат, нарушивших в сентябре 1938 года чешскую границу в Судетах. Употребление плюральной формы вещественного существительного вместо конкретных субстантивов, обозначающих виды оружия, вполне согласуется с лексико-синтаксической и ритмической организацией этого стихотворного текста; названные языковые средства и приемы в совокупности позволяют отразить позицию автора, его эмоциональный отклик на описываемое событие: *Топот сапог. / – Немцы! – листок. / Грохот* **желез·** */ – Немцы! – весь лес.* Реже наблюдаются отклонения от грамматической нормы при использовании существительных pluralia tantum. В соответствии с нормами русского языка они имеют формы только множественного числа, однако с определенной эстетической целью такие слова могут употребляться и в единственном числе. Так, в следующем фрагменте произведения

Н.Асеева форма единственного числа *будень* применяется автором для достижения метрической организации стихотворения: *В солнце, в праздник, / в ветер, в* **будень** */ всюду влажный синий студень.* («Лирическое отступление»). В единичных случаях эстетический эффект могут иметь формы множественного числа существительных, обладающих избыточной парадигмой. В приводимом далее примере с целью отражения категории возвышенного используется форма винительного падежа множественного числа существительного *год*, имеющего избыточную парадигму числа и падежа[①]: *Лебедями слыли люди; / Жили, юны,* **лета** *многи; / В дохновением их груди / Волновали тайно боги / И к неведущим о чуде / Приходили петь в чертоги.* (В.Иванов. «Певец у суфитов»). Немало примеров употребления плюральных форм собственных имен – антропонимов, мифонимов и т.п. В ряде случаев антропонимические единицы используются для создания образности поэтического текста. Так, Л.Трефолев, приводя фамилии выдающихся русских драматургов А.С.Грибоедова, Н.В.Гоголя, Л.Н.Толстого, А.Н.Островского в форме множественного числа обогащает текст своего стихотворения множеством образных ассоциаций: *На Руси великих много ли? / Не сумею сосчитать: /* **Грибоедовы** *и* **Гоголи** */ И иные, им под стать; / И* **Толстые***, и* **Островские** */ С чудным Пушкиным под ряд… / Имена-то все каковские! / За себя все говорят!* («На родине русского театра»).

① Стариченок В.Д. и др. Современный русский литературный язык: учеб. пособие [M]. Минск: Выш. шк., 2012: 249.

2.4.4 Вариантные формы множественного числа

Эстетическое осмысление может получить такая предпосылка, как наличие у ряда существительных вариантных форм множественного числа. Как известно, установление грамматических вариантов слов составляет одну из важных задач грамматической стилистики. По мнению авторов одного из справочных изданий, грамматическими вариантами можно считать функционально тождественные грамматические единицы, отличающиеся регулярным несовпадением грамматической формы. В отличие от других параллельных средств речи грамматические варианты должны отвечать следующим требованиям: 1) грамматической системности; 2) регулярной взаимозаменяемости; 3) функциональной эквивалентности грамматического значения в пределах взаимозаменяемых контекстов; 4) однородности сравниваемых грамматических структур.[①] Сходной точки зрения придерживается Г.И.Панова, которая полагает, что вариантными морфологическими словоформами являются тождественные в плане морфологического содержания словоформы, которые конституируются одной лексемой и равнозначными морфологическими формами.[②]

Если судить по стилистической характеристике вариантных форм (в том числе по словесным пометам), рассматриваемые грамматические единицы могут быть разграничены по ряду аспектов: 1) со стороны их употребления во времени (в хронологическом аспекте); 2) с точки зрения

① Граудина Л.К., Ицкович В.А., Катлинская Л.П. Грамматическая правильность русской речи. Стилистический словарь вариантов [M]. М.: ООО «Издательство Астрель», 2004: 12.

② Панова Г.И. Современный русский язык. Морфология: словарь-справочник (Часть I Изд. второе, исп. и доп.) [M]. Абакан: Издательство Хакасского государственного университета им. Н.Ф.Катанова, 2003: 38.

использования в разных функциональных стилях языка, в разных жанрах речи; в) в плане частотности употребления.[①] При анализе грамматических вариантов имен существительных мы будем ориентироваться главным образом на первые две группы указанных вариантных форм.

Что касается грамматических вариантов числа существительных, то в лингвистической литературе отмечается: словоформы с флексией -ы/-и являются в большинстве случаев основными, а формы с флексией -а/-я представляют их разговорные или просторечные варианты: *прожектор – прожекторы / прожекторá*; *трактор – тракторы / тракторá*, *волос – волосы / волосá*; *торт – торты / тортá*. У некоторых существительных (типа *профессорá*) нормативными являются словоформы с флексией *-а/-я*, а формы с окончанием -ы/-и (профессоры) характеризуются как устаревший вариант.[②] Например, в следующем фрагменте стихотворного произведения для создания концевых созвучий используется разговорная форма множественного числа *трактора́* (вместо нейтральной формы *тракторы*[③]): *Сперва на них петлю набрасывают, / Потом их влачат* **трактора**, */ Потом их в канавы сбрасывают / Под общие крики «***Ура***!»*. (Б.Слуцкий. «О, если б они провидели...»).

Использование вариантной формы множественного числа в поэтическом тексте может служить способом отражения определенной эстетической

---

① Граудина Л.К., Ицкович В.А., Катлинская Л.П. Грамматическая правильность русской речи. Стилистический словарь вариантов [M]. М.: ООО «Издательство Астрель», 2004: 14-16.

② Панова Г.И. Морфология русского языка: Энциклопедический словарь-справочник [M]. М.: КомКнига, 2010: 102.

③ Граудина Л.К., Ицкович В.А., Катлинская Л.П. Грамматическая правильность русской речи. Стилистический словарь вариантов [M]. М.: ООО «Издательство Астрель», 2004: 166.
Скворцов Л.И. Большой толковый словарь правильной русской речи: 8000 слов и выражений [M]. М.: ООО «Издательство Оникс»: ООО «Издательство «Мир и Образование», 2009: 869.

категории. Так, употребление в следующем фрагменте стихотворного произведения устаревшей формы *други* (вместо основной, стилистически нейтральной, формы *друзья*) является одним из способов создания возвышенного[①]: *Спят все чадамоии* **други**. */ Хорошо, что юные вьюги / К нам летят из дальней округи, / Как стеклянные бубенцы.* (Д.Самойлов. «Ночной гость»).

Проведенный анализ позволяет сказать, что наиболее употребительной словоформа *други* была в первыетри десятилетия прошлого века. При этом своеобразным «пиком» ее функционирования можно считать второе десятилетие рассматриваемого периода (см. Рис. 1).

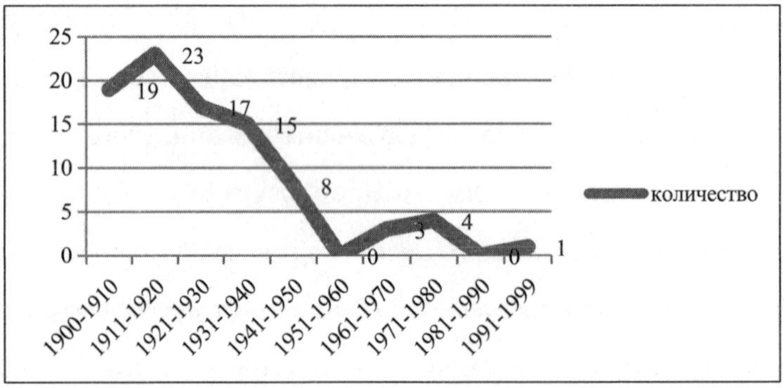

Рис. 1 Хронологическая характеристика употребления плюральной формы *други* в стихотворных текстах

Результаты нашего анализа также показывают, что словоформа *други* в качестве эстетически значимого элемента текста встречается в стихотворных произведениях 45 поэтов прошлого века. Неоднократное использование этой словоформы характерно для произведений 15 авторов (см. Рис. 2). Наиболее часто эстетические функции словоформы *други* реализуются в текстах Н.Клюева, В.Иванова, М.Цветаевой и А.Добролюбова.

① Кроме того, анализируемая форма выполняет и версификационную функцию.

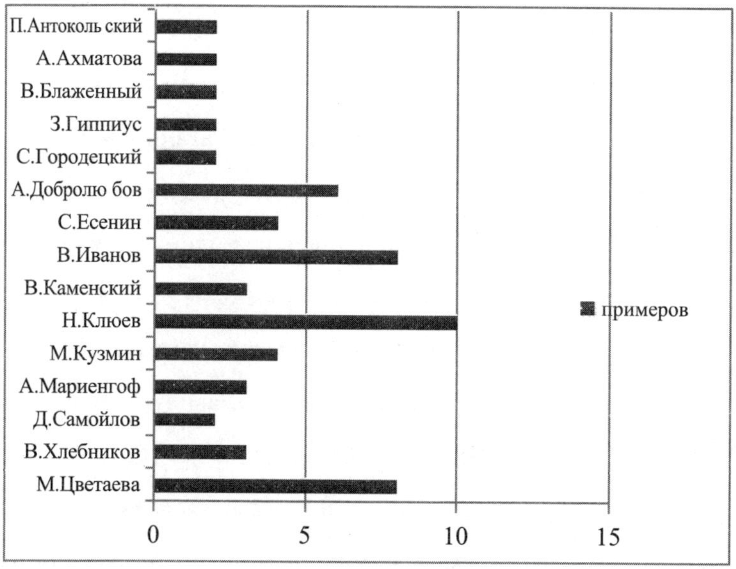

Рис. 2 Количественная характеристика использования словоформы *други*

2.4.5 Полисеманты существительных

Наличие в русском языке таких полисемантов, числовая парадигма которых обнаруживает тесное взаимодействие двух типов значений – лексического и морфологического значения числа – также может рассматриваться в качестве одного из факторов эстетически ориентированного употребления грамматической единицы. Указанное взаимодействие проявляется по-разному: 1) в наличии обеих форм числа либо только одной из них у определенного лексико-семантического варианта слова; 2) в несовпадении средств выражения множественного числа у субстантива, реализующего разные лексические значения. В первом случае речь идет о существительных типа *основа, интерес, рамка*. Например, существительное *рамка* в значении «прямоугольное обрамление текста или рисунка» может иметь обе формы числа, тогда как реализация лексического значения «пределы, границы чего-нибудь» требует использования только множественного числа.[①②] Противопоставление форм единственного и множественного числа рассматриваемого полисеманта, реализующего указанные лексические значения, получает эстетическую мотивацию в стихотворении А.Вознесенского «Памяти Владимира Высоцкого». Дело в том, что оппозиция форм числа связана с воплощением одной из идей, лежащих в основе этого произведения: *Ты в черной* **рамке** *не уместишься. / Тесны тебе людские* **рамки**. О взаимодействии лексического и грамматического значений второй разновидности можно говорить ввиду наличия в русском языке следующей группы многозначных слов: *муж* (во множественном числе *мужья* и *мужи*); *сын* (*сыновья* и *сыны*); *лист* (*листья* и *листы*) и др. Так, обыгрывание семантики и внешнего облика плюральных форм существительного *лист* (*листы* «тонкий плоский кусок, пласт какого-н. материала» и *листья* «орган воздушного питания, газообмена и фотосинтеза растений в виде тонкой, обычно зеленой пластинки»[③]) в составе стилистического приема антанаклазы[④] обнаруживается: *О годах медленного ига, / О днях бездомной пустоты / Твердит пророческая книга, / Но ветер вещие* **листы**, */ Как* **листья** *легкие, листает.* (Н.Туроверов. «О годах медленного ига…»)

① Ожегов С.И., Шведова Н.Ю. Толковый словарь русского языка: 80 000 слов и фразеологических выражений [М]. М.: ООО «А ТЕМП», 2007: 656.

② Возможно и не столь категоричное мнение: авторы академического словаря полагают, что при выражении второго значения обычно употребляется форма множественного числа. См. Словарь современного русского литературного языка [М]. Ленинград: Изд. и 1-я тип. Изд-ва Акад. наук СССР в Л., 1961: 575.

③ Ожегов С.И., Шведова Н.Ю. Толковый словарь русского языка: 80 000 слов и фразеологических выражений [М]. М.: ООО «А ТЕМП», 2007: 328.

④ Определение антанаклазы дано на с. 110.

2.4.6 Звуковое подобие форм числа существительных

Еще одной предпосылкой, способствующей проявлению эстетического потенциала категории числа, является звуковое подобие (полное или неполное) форм числа существительных, имеющих разные лексические значения (ср.: *час* «промежуток времени, равный 60 минутам, одна двадцать четвертая часть суток» – *часы* и *часы* «прибор, отсчитывающий время в пределах суток»①; *образ* «вид, облик» – *образы* и *образ* «то же, что икона» – *образá*②). Использование звукового сходства таких слов в соответствии с концепцией В.В.Виноградова③, очевидно, должно быть отнесено не к омонимии, а к разнообразным типам омофонии. Обыгрывание внешнего подобия грамматических единиц в рамках категории числа субстантивов обычно применяется с целью порождения комической реакции реципиента. Так, Ю.Энтин для создания языковой шутки обыгрывает неполное звуковое сходство формы единственного числа *покой* «состояние тишины, отдыха, бездеятельности, отсутствие беспокойства» и устаревшего существительного *покои* «внутренние помещения, комнаты»④, употребляющегося обычно в форме множественного числа. Например: *Что же это такое, / Что случилось со мной? / В королевских* **покоях** / *Потеряла* **покой**. (Ю.Энтин. «Бременские музыканты». Песня «В клетке птичка томится»).

---

① Ожегов С.И., Шведова Н.Ю. Толковый словарь русского языка: 80 000 слов и фразеологических выражений [M]. М.: ООО «А ТЕМП», 2007: 877, 878.

② Ожегов С.И., Шведова Н.Ю. Толковый словарь русского языка: 80 000 слов и фразеологических выражений [M]. М.: ООО «А ТЕМП», 2007:435.

Зализняк А.А. Грамматический словарь русского языка. Словоизменение: около 100 000 слов (Издание 2-е, стереотипное) [M]. М.: Русский язык, 1980: 276.

③ Виноградов В.В. Об омонимии и смежных явлениях [J]. Вопросы языкознания, 1960 (05): 4-6.

④ Ожегов С.И., Шведова Н.Ю. Толковый словарь русского языка: 80 000 слов и фразеологических выражений [M]. М.: ООО «А ТЕМП», 2007: 550.

В стихотворном тексте М.Кузмина «Равенна» для создания концевого созвучия используется совпадение формы Р. п. ед. ч. существительного *мощь* «могущество, сила» (которое употребляется только вединственном числе) и формы В. п. мн. ч. субстантива *мощи* ‘высохшие останки людей, почитаемые церковью святыми и чудотворными’ (имеющего только плюральную форму[①]): *Зарница отшумевшей* **мощи**, */ Еле колеблемая медь, / Ты бережешь святые* **мощи**, */ Чтоб дольше, дольше не мертветь, / И ветер медлит прошуметь / Враздолиях прибрежной рощи.*

Как видим, в самой системе русского языка существует немало предпосылок, детерминирующих эстетически ориентированное использование форм числа. Различные комбинации этих форм с другими элементами художественного текста дополняют картину функционирования грамматических единиц, раскрывая возможности их нестандартного, креативного употребления.

2.5 Реализация эстетических ресурсов категории числа существительных

Предварительный анализ материала показал, что изучение эстетического потенциала рассматриваемой категории представляется наиболее продуктивным в рамках следующих аспектов: с точки зрения отражения определенной эстетической категории (возвышенного и комического), реализации особенностей версификации стихотворного произведения, формирования образности текста и его композиционной организации.

① Ожегов С.И., Шведова Н.Ю. Толковый словарь русского языка: 80 000 слов и фразеологических выражений [М]. М.: ООО «А ТЕМП», 2007: 368.

2.5.1 Отражение определенной эстетической категории

Безусловный интерес представляет изучение грамматических форм числа, способных вместе с другими элементами языковой системы участвовать в отражении какой-либо эстетической категории. Поскольку морфологические средства русского языка играют наиболее заметную роль лишь при отражении двух эстетических категорий, а именно возвышенного и комического[1], обратимся к описанию форм числа, реализующих соответствующие потенции при их употреблении в тексте поэтического произведения.

2.5.1.1 Возвышенное

Вначале проанализируем роль грамматических форм числа в отражении категории возвышенного. Изучение поэтических текстов показало, что с этой целью наиболее часто используются: 1) формы единственного числа с обобщенно-собирательным значением; 2) устаревшие плюральные формы; 3) стилистически маркированные формы множественного числа полисемантов или омонимов.

Имея в виду функционирование форм единственного числа, рассмотрим одно из стихотворений В.Брюсова. Анализ стихотворного текста показывает, что в нем формы единственного числа существительных *моряк, земледел, дровосек,* реализующих в тексте обобщенно-собирательное значение, способствуют выражению эмоции восторга перед внутренними силами людей, достойно выживающих в суровых условиях севера: *В нужде и в труде терпеливый, – /* **Моряк**, **земледел**, **дровосек**, *– / На камнях взлелеял ты нивы, / Вражду одолел своих рек; / С природой борясь,*

[1] Хайрутдинова Г.А. Эстетические ресурсы русского языка [М]. Казань: Изд-во Казан. ун-та, 2016: 50.

крепкогрудый, / Все трудности встретить готов, – / Воздвиг на гранитах причуды / Суровых своих городов. («К финскому народу») Подобное употребление форм числа обнаруживается и в других поэтических текстах: *На огромные нивы Отчизны, / где смертельные битвы прошли, / выйди,* **пахарь**, *во имя жизни, / ради жаждущей жизни земли. / Выйди,* **пахарь**, *и встань, как* **воин**, */ к плугу верному своему...* (О.Берггольц. «Влажен ветер, и небо сине...»); *И дань души своей влюбленной / несут Байкалу с давних лет /* **рыбак**, *и* **труженик-ученый**, */ и* **живописец**, *и* **поэт**. */ Недаром так любим в народе / рожденный духом этих скал / раздольный русский гимн свободе: «Славное море Священный Байкал...»* (А.Твардовский «Байкал»); *Не чудо, нет; мой путь не чудотворен, / А только дух пред тайной светлой наг, / Всегда судьбе неведомой покорен, / Любовью вечной благ. / И вы придете все:* **калека**, **нищий**, */ И* **воин**, *и* **мудрец**, **дитя**, **старик**, */ Чтобы вкусить добытой мною пищи, / Увидеть светлый Лик.* (Е.Кузьмина-Караваева. «Я силу много раз еще утрачу...»)

Аналогичную эстетическую функцию выполняют и архаические формы языковых единиц, на что, в частности, указывают некоторые исследователи.[①] Например, в следующем фрагменте стихотворного текста при выражении соответствующей авторской эмоциональности употреблена архаическая форма именительного падежа множественного числа *дерева*[②] (вместо основной, стилистически нейтральной, формы *деревья*): *Вокруг весна, рассветная Москва, / Восторженные прозелиты. / Зарю поддерживали* **дерева**, */ Как темные кариатиды.* (Д.Самойлов. «Памяти

① Ионова И.А. Морфология поэтической речи [М]. Кишинев: Штиинца, 1988: 164.
Зубова Л.В. Современная русская поэзия в контексте истории языка [М]. М.: Новое литературное обозрение, 2000: 512.

② Кроме того, архаическая форма дерева здесь используется с целью версификации.

юноши») Сходные случаи использования устаревших форм множественного числа *други*, *домы* представленыв следующих фрагментах стихотворных текстов: *А нынче кинжально-прицельным огнем / Всех павших за* **други** *своя помянем!* (П.Антокольский. «Правый берег Днестра»); *Словно ласточка, металась, / До смертной истомы; / По верхам кремлей скиталась, / Покинувши* **домы**. (В.Иванов. «Памяти В.Ф.Комиссаржевской»)

Кроме указанных двух способов, для создания возвышенного используются стилистически отмеченные формы множественного числа. Такие формы, как правило, связаны с феноменом двойных форм множественного числа. Как полагает Г.И.Панова, двойные формы числа существительных представляют собой словоформы множественного числа многозначных существительных, имеющих в разных лексико-семантических вариантах разные средства выражения числа, типа *лист – листья* (дерева) и *листы* (тетради). Разные средства выражения числа могут дифференцировать также и словоформы множественного числа омонимичных существительных типа *образ – образы* (литературные) и *образа́* (иконы), *повод – поводы* и *поводья.*[①] Так, возвышенное звучание стихотворению Г.Иванова придает в том числе и употребление вариантной плюральной формы *сыны*[②]: *Россия, жребий твой чудесен, / Судьба прекрасна и светла! / Достойны мрамора и песен / Тобой свершенные дела. /*

---

① Панова Г.И. Современный русский язык. Морфология: словарь-справочник (Часть I) [М]. Абакан: Издательство Хакасского государственного университета им. Н.Ф.Катанова, 2003: 103.

② Как известно, многозначное существительное сын имеет разные формы числа в зависимости от реализации определенного лексико-семантического варианта: сын – сыновья«лицо мужского пола по отношению к своим родителям» и сыны «мужчина как носитель характерных черт своего народа, своей среды». См. Ожегов С.И., Шведова Н.Ю. Толковый словарь русского языка: 80 000 слов и фразеологических выражений [М]. М.: ООО «А ТЕМП», 2007: 785. Зализняк А.А. Грамматический словарь русского языка. Словоизменение: около 100 000 слов (Издание 2-е, стереотипное) [М]. М.: Русский язык, 1980: 507.

Твои **сыны** *неколебимы, / Испытан в битвах тяжкий меч, / За славу родины любимой / Готовы все костями лечь.* («Не забывайте о победе...») Сходные случаи использования существительного *сын* в значении «мужчина как носитель характерных черт своего народа, своей среды» обнаруживаются и в других стихотворных произведениях: *Тихо родина наклонилась / над патетикой гордых слов / и растроганно изумилась / героизму своих* **сынов**. (Я.Смеляков. «Ода младшему лейтенанту»); *Священник молится в тиши благого часа / Об единеньи всех, о мирных временах, / О страждущей Руси, о всех ее* **сынах**... */ И плачут дисканты, и скорбны вздохи баса...* (Г.Голохвастов. «Церкви»)

2.5.1.2 Комическое

Перейдем к анализу функционирования грамматических форм числа, используемых для создания комического эффекта. В ряде случаев комическая реакция реципиента обусловлена явлением омофонии (в трактовке В.В.Виноградова). С целью отражения комических явлений может обыгрываться внешнее подобие существительных, являющихся разными словами. Так, для создания языковой шутки В.Катаев обыгрывает неполное звуковое сходство формы единственного числа *покой* и устаревшего существительного *покои*, употребляющегося обычно в форме множественного числа: *Рок меня занес / В гостеприимные* **покои**, */ И я в бездейственном* **покое** */ Здесь отдыхаю среди роз.* («Батюшков»)

Сходный случай частичного совпадения звукового состава существительных отмечен нами в эпиграмме А.Гомолицкого, написанной по поводу строительства нового порта в Ревеле: *Каков бы ни был спор там, / Но вывод мой таков: / Россия будет с* **портом**, */ Хотя и без...* **портов**. («Каков бы ни был спор там...») Автор комических строк, сближая слово *порт* «место с защищенным водным пространством, специально оборудованное для стоянки, погрузки, разгрузки и ремонта судов, а также город у моря с так оборудованным водным пространством», имеющее обе формы числа, и существительное plularia tantum *порты* «то же, что штаны»[①], выражает свои опасения в связи с серьезными финансовыми затратами, необходимыми для строительства.

Реже наблюдается игра за счет лексико-семантических вариантов одного и того же слова. Так, обыгрывание семантики и внешнего облика плюральных форм многозначного существительного *муж* (*мужья* «мужчина по отношению к женщине, с которой он состоит в официальном браке» и *мужи* «мужчина в зрелом возрасте, а также деятель на каком-нибудь общественном поприще»[②]) обнаруживается в стихотворении Л.Мартынова «Оттепель»: *Гаснет лампа. Душно, как в яме… / – Куда ты встаешь? Лежи! / …Ночью простыми* **мужьями** */ Делаются* **мужи**.

В некоторых случаях комический эффект создается за счет использования форм множественного числа имен собственных, подвергающихся при этом апеллятивизации. Так, в эпиграмме Саши Черного «По мненью критиков суровых…» происходит обыгрывание плюральных форм двух прецедентных имен – *Пушкины* «гениальные поэты» и *Белинские* «талантливые критики»: *По мненью критиков суровых, / Парнас пустует много лет. / Бесспорно, –* **Пушкиных** *нет новых, / Но… и* **Белинских** *новых нет.*

Интерес вызывает также функционирование грамматических единиц, представляющих собой отклонение от языковой нормы. Одной из таких

① Ожегов С.И., Шведова Н.Ю. Толковый словарь русского языка: 80 000 слов и фразеологических выражений [M]. M.: ООО «А ТЕМП», 2007: 565, 566.

② Ожегов С.И., Шведова Н.Ю. Толковый словарь русского языка: 80 000 слов и фразеологических выражений [M]. M.: ООО «А ТЕМП», 2007: 369.
Кузнецов С.А. Большой толковый словарь русского языка [M]. СПб.: «Норинт», 2000: 562.

грамматических единиц можно считать плюральную форму *человеки*. Ученые, рассматривавшие функционирование форм *люди* и *человеки* на разных этапах бытования русского языка, указывают на их семантическую и стилистическую дифференциацию.[①] Так, Я.Смеляков в стихотворении «Чувство юмора» использует устаревшую, шутливую форму именительного падежа множественного числа *человеки* вместо нормативной формы *люди*, выражая свое авторское отношение к некоторым представителям советской бюрократии: *Есть и такие* **человеки** */ средь жителей любой страны, / что чувства юмора навеки / со дня рожденья лишены*.

2.5.2 Реализация особенностей версификации стихотворного произведения

Анализ нашего материала свидетельствует о том, что эстетический потенциал категории числа существительных может изучаться и с точки зрения теории поэтической речи. Дело в том, что реализация эстетических возможностей грамматических форм числа субстантивов весьма часто бывает обусловлена версификационными целями.

2.5.2.1 Рифма

Вначале проанализируем ту часть языкового материала, которая связана с созданием рифмы поэтического текста. С этой целью наиболее часто используются формы множественного числа, которые определяются в качестве: 1) вариантных форм и; 2) словоформ, представляющих собой отклонение от грамматической нормы.

Среди вариантных форм существительных, применяемых как

① Корнеева Т.А. Семантико-стилистические закономерности функционирования форм люди и человеки в произведениях А.Н.Радищева и А.С.Пушкина [M] // Русская и сопоставительная филология. Системно-функциональный аспект. Казань: КГУ, 2003: 66.

средство версификации, наиболее часто встречаются вариантные формы множественного числа, двойные (или соотносительные) словоформы и архаические единицы.

Обратимся вначале к рассмотрению вариантных форм множественного числа. Так, в стихотворении Б.Корнилова «Самсон» форма множественного числа *боцмана*, имеющая стилистическую помету «спец.» и являющаяся вариантной по отношению к нейтральной форме *боцманы*[①], употребляется для создания рифмы со словом *стена*: *Повинуясь боевым приказам, / на перроне черная* **стена** *– / то матросы выстроились разом, / в дудки засвистели* **боцмана** ... В следующих фрагментах стихотворных произведений для создания концевых созвучий используются разговорные формы множественного числа *договора* (вместо нейтральной формы *договоры*), *бухгалтера* (вместо нормативной формы *бухгалтеры*) и просторечная форма множественного числа *слесаря* (вместо основной формы *слесари*)[②]: *Мы, / пергаменты / текстами саля, / подписываем /* **договора**. */ Вам / забыть / и границы Версаля / на борту / самолета-* **ковра**. (В.Маяковский. «Красная зависть»); *Во имя человечества –* **пора**, */ Необходимо для целей природы, / Чтоб у кормила – вы,* **бухгалтера**.

---

① Граудина Л.К., Ицкович В.А., Катлинская Л.П. Грамматическая правильность русской речи. Стилистический словарь вариантов [M]. M.: ООО «Издательство Астрель», ООО «Издательство АСТ», 2004: 164.

Скворцов Л.И. Большой толковый словарь правильной русской речи: 8000 слов и выражений [M]. M.: ООО «Издательство Оникс», ООО «Издательство «Мир и Образование», 2009: 72.

② Граудина Л.К., Ицкович В.А., Катлинская Л.П. Грамматическая правильность русской речи. Стилистический словарь вариантов [M]. M.: ООО «Издательство Астрель», ООО «Издательство АСТ», 2004: 164, 166.

Скворцов Л.И. Большой толковый словарь правильной русской речи: 8000 слов и выражений [M]. M.: ООО «Издательство Оникс», ООО «Издательство «Мир и Образование», 2009: 79, 184, 775.

(Б.Слуцкий. «Счетные работники»); *Кусали губы / комсомольцы и* **слесаря**. / *Пели трубы, / гремели трубы, / о любви* своей **говоря**. (Б.Корнилов. «Ленинградские стихи»)

Аналогичную эстетическую функцию способны выполнять стилистически маркированные формы полисемантов, имеющих во множественном числе различающиеся по звуковому составу словоформы (так называемые двойные формы множественного числа). Так, в следующем примере используется плюральная форма *сыны* полисеманта *сын* для создания рифмы: *Мне бы надо отправиться в снежную ночь / В неизведанный край* **тишины**, */ Когда спит моя мать, когда спит моя дочь, / И жена моя спит, и* **сыны**. (Д.Самойлов. «Светлорогая полночь висит над землей...») Применение данной словоформы следует, очевидно, считать поэтической вольностью, так как в тексте стихотворения реализуется значение «лицо мужского пола по отношению к своим родителям», которое обычно выражается формой множественного числа *сыновья*. Подобный характер использования имеет и форма *мужи*, образованная от многозначного существительного *муж*, которая также применяется с целью формирования концевых созвучий: *На свою ты мерку меришь / И всему, что ни* **скажи**, */ Веришь, веришь, веришь, веришь... / Лгут и жены и* **мужи**! (Л.Мартынов. «Я опять тебя обидел...»)

В ходе анализа нашего материала было выявлено, что для создания звуковых повторов в конце соответствующих ритмических групп нередко используются архаические формы множественного числа. Например, в следующем фрагменте стихотворного текста употреблена архаическая форма именительного падежа множественного числа *дерева* (вместо основной, стилистически нейтральной формы *деревья*) для создания рифмы: *Как выговаривал* **слова**, */ Какие знают* **дерева**, */ Животные и птицы, / А* *человеческую речь / Всегда старался приберечь / На лучшие страницы.* (В.Шаламов. «Атомная поэма») В стихотворении В.Блаженного «Как будто на меня упала тень орла...» созвучия в конце строк создаются благодаря использованию архаической формы именительного падежа множественного числа *крыла* (вместо основной формы *крылья*): *Как будто на меня упала тень* **орла** *– / Я вдруг затрепетал, пронизан синевой, / И из ключиц моих прорезались* **крыла**, */ И стали гнев и клюв моею головой.* Различных случаев использования архаических форм довольно много, например: *С какой прямотою со мною общались / Собаки и кошки, Господние* **други**, */ И шерстью души моей детской касались, / Как будто ко мне прикасались их* **руки**. (В.Блаженный. «С какой прямотою со мною общались...»); *А там – еще синеют* **снеги**, */ светлейшие снега* **Онеги**. (Н.Асеев. «Игра»); *Отменно знатной будет гарь, / Недаром лоси ломят* **роги**, */ Медведи, кинувши* **берлоги**, */ С котятами рябая рысь / Вкруг нашей церкви собрались!* (Н.Клюев. «Однажды птица прилетела...»)

Реже встречаются плюральные формы существительных, представляющие собой нарушение грамматической нормы. Например, в следующем фрагменте текста с целью версификации используется форма множественного числа именительного падежа *офицера* (вместо нормативной формы *офицеры*), которая в одном из академических изданий характеризуется как ошибочная[①]: *Мне видится и сегодня / то, что я видел* **вчера**: */ вот восходят на сходни / худые* **офицера**, */ выхватывают из кармана / тридцатки и тут же рвут, / и розовые / за кормами / тридцатки / плывут, плывут.* (Б.Слуцкий. «Тридцатки») Аналогичным образом следует оценить

① Шведова Н.Ю. Русская грамматика (Т. 1): Фонетика. Фонология. Ударение. Интонация. Словообразование. Морфология [М]. М.: Наука, 1982: 498.

употребление формы множественного числа *маклера* (вместо нормативной словоформы *маклеры*[①]): *Грандиозная картина: / Вон над крышами парят / <...> / Густопсовые шпики, / Золотые барчуки, / Бюрократы,* **шулера**[②], */ Биржевые* **маклера** */ И, как толстые вампиры, / Мягкотелые банкиры.* (Саша Черный. «Победа»)

2.5.2.2 Ритм

Изучение функционирования форм числа существительных, которые имеют непосредственное отношение к особенностям стихосложения, позволяет выделить и те случаи употребления грамматических единиц, которые связаны с ритмической организацией текста.

С нашей точки зрения, для обеспечения стихотворного ритма наиболее часто используются вариантные формы множественного числа существительных, которые отличаются сферой или частотностью употребления. Например, использование разговорной формы множественного числа *свитера́* в одном из стихотворений О.Берггольц позволяет реализовать ритмические особенности амфибрахия как трехсложного размера стиха[③]: *А сколько посылок приходит сутра / сюда, в ленинградские части! / Как пахнут и варежки, и* **свитера** */ забытым покоем и счастьем...* («...Я буду сегодня с тобой говорить...»). В следующем фрагменте текста употребляется менее частотная по сравнению со словоформой *годы*[④] плюральная форма

① Шведова Н.Ю. Русская грамматика (Т. 1): Фонетика. Фонология. Ударение. Интонация. Словообразование. Морфология [M]. М.: Наука, 1982: 498.

② В данном фрагменте текста использована более предпочтительная словоформа множественного числа из имеющихся стилистически равнозначных вариантов (шулера и шулеры).

③ Рассматриваемая грамматическая единица способствует также созданию рифмы.

④ Граудина Л.К., Ицкович В.А., Катлинская Л.П. Грамматическая правильность русской речи. Стилистический словарь вариантов [M]. М.: ООО «Издательство Астрель», ООО «Издательство АСТ», 2004: 164.

года́. Выбор грамматической формы обусловлен ямбом – двусложным размером стиха со вторым ударным слогом в стопе: *Прошли* **года**, *но мир пространства крепок, / И у пространства память так свежа, / Как будто там, вверху, воздушный слепок / Пропавшего навеки этажа.* (И.Елагин. «Здесь дом стоял. И тополь был. Ни дома...»)

В создании ритмической организации стихотворного текста участвуют также архаические формы множественного числа существительных. Так, в следующем примере архаическая форма множественного числа *снеги*① вместо словоформы *снега* используется для реализации четырехстопного хорея: *Принакрыли в чистом поле /* **Снеги** *белую кровать.* (Н.Зарудин. «Песня кубанская»). В стихотворении Н.Гумилева «Однажды вечером» употреблена устаревшая плюральная форма *томы* (вместо нормативной *тома́*)②, благодаря чему реализуется метрическая схема четырехстопного ямба: *В земной толпе – я темный дом, / Где* **томы**, *тени, сны, портреты; / Эдгаров Янек – я; за льдом – / Ток лавы, памятью прогретый.* (В.Брюсов. «Домовой») Анализ следующего примера показывает, что в формировании ямбического стиха участвует архаическая форма множественного числа именительного падежа *домы* (вместо *дома*)③: *Люблю глухие* **домы** */ И площади, червонные, как ночь.* (К.Вагинов. «Искусство»)

В качестве версификационного средства в поэтических текстах используются и стилистически маркированные формы множественного числа полисемантов и омонимов. Так, П.Антокольский в стихотворении

---

① Шведова Н.Ю. Русская грамматика (Т. 1): Фонетика. Фонология. Ударение. Интонация. Словообразование. Морфология [М]. М.: Наука, 1982: 497.

② Шведова Н.Ю. Русская грамматика (Т. 1): Фонетика. Фонология. Ударение. Интонация. Словообразование. Морфология [М]. М.: Наука, 1982: 497.

③ Шведова Н.Ю. Русская грамматика (Т. 1): Фонетика. Фонология. Ударение. Интонация. Словообразование. Морфология [М]. М.: Наука, 1982: 497.

«Двести пятьдесят миллионов» использует плюральную форму числа полисеманта *сыны* вместо словоформы *сыновья* с целью создания пятистопного ямба: *Отцы и деды наши не молчат там, /* **Сыны** *и внуки ждут нас впереди.*

Реже встречаются словоформы множественного числа, представляющие собой отклонение от грамматической нормы. Так, ненормативная форма множественного числа существительного *черепы* (вместо нормативной словоформы *черепá*)[①] употреблена в стихотворении Б.Садовской, что обеспечивает ритмическую инерцию четырехстопного ямба: *Была пора: сюда на бой / Текли за половцами обры, / И долго здесь в траве сухой / Белели* **черепы** *и ребры.* («Шумит узорный самолет...») В следующем примере, также представляющем собой размер четырехстопного ямба, использована ошибочная форма *выговорá* (вместо нормативной формы *выговоры*)[②]: *За ваши подвиги страна / вам – равной мерой – выдавала /* **выговора** *и ордена.* (Я.Смеляков. «Рязанские мараты»)

2.5.3 Формирование образности текста

Изучение морфологических средств формирования образности текста составляет один из важных аспектов описания эстетических ресурсов категории числа существительных. Анализ поэтических произведений показал, что с целью создания образности наиболее часто используются: 1) формы множественного числа конкретных существительных; 2) формы множественного числа существительных singularia tantum.

Плюральные формы конкретных существительных, относящихся

① Шведова Н.Ю. Русская грамматика (Т. 1): Фонетика. Фонология. Ударение. Интонация. Словообразование. Морфология [М]. М.: Наука, 1982: 498.

② Шведова Н.Ю. Русская грамматика (Т. 1): Фонетика. Фонология. Ударение. Интонация. Словообразование. Морфология [М]. М.: Наука, 1982: 498.

к дескриптивной лексике, нередко функционируют с целью создания картин природы, пейзажей. Так, описывая величавый путь матушки Волги, А.Твардовский использует целый ряд словоформ множественного числа: *В нее смотрелось пол-России: /* **Равнины**, **горы** *и* **леса**, */* **Сады** *и* **парки** *городские, / И вся наземная краса – / Кремлевских стен державный гребень, / Соборов* **главы** *и* **кресты**, */* **Ракиты** *старых сельских гребель.* («Семь тысяч рек»)

Для создания образности текста употребляются и формы множественного числа существительных, которые обычно или наиболее часто функционируют только в форме единственного числа. Так, В.Брюсов в своем стихотворении «Молитва» использует лексему *свет*, являющуюся одной из ключевых, сакральных в христианстве, в форме множественного числа: *В час, когда* **светы** *первые кинет / Солнце Твое, – Ты меня оживи!* Кроме реализации лексико-стилистического потенциала данного слова, здесь, как видим, проявляются эстетические ресурсы его грамматической формы: употребление субстантива в плюральной форме включается в систему образных средств стихотворения, так как *светы* – это переносное обозначение лучей солнца.

В следующем фрагменте текста благодаря использованию плюральной формы вещественного существительного *хрусталь*, которое обычно употребляется в форме единственного числа, представлена образная номинация кусочков льда*: А во рту – хрусты сладкой смолки, / А в руке – зайчонка колышет, / А в глазах – то ли блестки с елки, / То ль с окна* **хрустали** *ледышек.* (В.Меркурьева. «Коляда»)

Рассмотрим еще один пример, в котором используется форма множественного числа антропонима *Есенины: Приезжают в столицу / смиренно и бойко / молодые* **Есенины** */ в красных ковбойках.* (Я.Смеляков.

«Приезжают в столицу / смиренно и бойко...») Как известно, имена собственные обладают своеобразием с точки зрения семантики и некоторых морфологических свойств. Одной из грамматических особенностей онимов является отсутствие соотносительных форм числа: эти слова употребляются либо только в единственном, либо только во множественном числе.[①] В то же время личные имена и фамилии способны иметь формы множественного числа в следующих случаях: когда они называют лиц, имеющих одинаковые имена или фамилии (*В нашей группе пять* ***Ирин*** *и три из них* ***Ивановы***.); обозначают лиц, находящихся в родственных отношениях (*Были в гостях у* ***Петровых.***); называют людей, имеющих общую черту, свойственную историческому лицу или литературному персонажу либо известному деятелю культуры, науки и т.д. (*Обломовы, Маниловы, Пушкины, Наполеоны*).[②] В лингвистической литературе имеются также наблюдения о том, что имена собственные, называющие известных людей, нередко подвергаются апеллятивизации, переходя в имена нарицательные. Кроме того, отмечается, что в поэзии «этот прием сохраняет постоянную свежесть»[③]. В приведенном фрагменте текста плюральная форма прецедентного имени (*Есенины*) не только передает значение «одаренные, талантливые поэты», но и тот круг ассоциаций, которые связаны с жизнью и творчеством выдающегося русского поэта, что, безусловно, усиливает образную составляющую стихотворного произведения.

---

① Смирнов Ю.Б. Имя существительное [М] // Морфология современного русского языка: учебник для высших учебных заведений Российской Федерации. СПб.: Филологический факультет СПбГУ, 2013: 84-85.

② Панова Г.И. Современный русский язык. Морфология: словарь-справочник (Часть I). [М]. Абакан: Издательство Хакасского государственного университета им. Н.Ф.Катанова, 2003: 68.

③ Ионова И.А. Морфология поэтической речи [М]. Кишинев: Штиинца, 1988: 81.

2.5.4 Формирование композиционной организации

Содержание еще одного аспекта исследования составляет анализ эстетических возможностей форм числа существительных при рассмотрении композиции художественного текста. Как известно, одним из способов композиционной организации текста литературного произведения является стилистический прием.

Изучение научной литературы показывает, что проблема стилистического приема рассматривалась в работах многих ученых. Стилистические приемы, в составе которых может быть реализован эстетический потенциал грамматического рода существительных, уже были предметом анализа в ряде лингвистических работ. Например, по мнению Г.А.Хайрутдиновой, эстетический потенциал категории рода русских субстантивов реализуется в составе 27 стилистических приемов, а именно аллегории, антономазии, герменеи, градации, парафраза, приема обманутого ожидания, символизации и др.[①] Проведенный нами анализ стихотворных произведений позволил определить, что эстетические возможности категории числа реализуются в составе 13 приемов: аллеотеты, амплификации, антанаклазы, антитезы, гиперболы, гомеоптотона, каламбура, метонимии, прономинации, рифмы, синекдохи, солецизма, эхо-рифмы (см. Приложение 1). Рассмотрим употребление грамматических форм числа в качестве некоторых из перечисленных приемов.

Аллеотета. По мнению В.П.Москвина, этот прием представляет собой фигуру контраста, основанную на противопоставлении однокоренных слов

① Хайрутдинова Г.А. Эстетические ресурсы морфологических средств русского языка: автореф. [D]. Казань: КФУ, 2009: 38.

или форм слова.[①] С нашей точки зрения, аллеотета, основанная на значимом для понимания всего текста противопоставлении форм единственного и множественного числа, представлена в следующих примерах: *Мне в городе, где нет огней вечерних, / где только в мертвой комнате* **окно** */ порою вспыхнет, не затемнено, / а* **окна** *у живых – чернеечерни, – / так нужно знать, что всё, как прежде, живо, / что где-то в глубине родной страны / всё те же зори, журавли, разливы, / и даже города освещены...* (О.Берггольц. «Ты слышишь ли? Живой и влажный ветер...»); *Этот* **час** *не похож на другие* **часы**. */ Горячась от блистания близкой красы, / Я готов! Но и ты мне, конечно, ответишь / За ошибки годов и за всю эту ветошь.* (П.Антокольский. «31 декабря»)

Антанаклаза. Данный прием понимается как повтор слова в разных значениях. Основой антанаклазы могут быть и многозначное слово и омонимы.[②] В.П.Москвин отмечает, что антанаклаза как стилистический прием используется в художественной речи; здесь она нередко выполняет эстетическую функцию.[③] Так, в предлагаемом далее примере антанаклаза реализуется благодаря употреблению форм единственного и множественного числа существительного *соль*: **Соль** *победы – горше всех* **солей**, / Благо *мощи – горше злого зла*... (Д.Андреев. «Отступничество»). Как видим, поэт использует многозначное слово *соль* «то, что придает особенный интерес, остроту (речи, рассказу и т.п.)» и «белое кристаллическое вещество с острым характерным вкусом, употребляемая

① Москвин В.П. Выразительные средства современной русской речи. Тропы и фигуры. Терминологический словарь (Изд. 3-е, испр. и доп) [М]. Ростов н/Д: Феникс, 2007: 100.

② Москвин В.П. Выразительные средства современной русской речи. Тропы и фигуры. Терминологический словарь (Изд. 3-е, испр. и доп) [М]. Ростов н/Д: Феникс, 2007: 121.

③ Москвин В.П. Выразительные средства современной русской речи. Тропы и фигуры. Терминологический словарь (Изд. 3-е, испр. и доп) [М]. Ростов н/Д: Феникс, 2007: 3-4.

как приправа к пище»[1][2], что позволяет ему в яркой, образной форме выразить свою гражданскую позицию. В стихотворении Б.Слуцкого «Полный поворот дивизии» сближаются два омонимичных слова (форма множественного числа существительного *час* и субстантив *часы*: *Дивизия на сто восемьдесят / градусов поворачивается. / Меняются местами / ее тылы и фронты. / <...> / Все, у кого имеются, / смотрят на* **часы***: / на поворот положены / считанные* **часы**.

Гомеоптотон. Сущность указанного приема составляет вид морфемного повтора, который заключается в нагнетании слов с одинаковыми или близкозвучными окончаниями, что невозможно в нефлективных языках.[3] По мнению Р.О.Якобсона, гомеоптотон в своем семантическом аспекте соответствует метафоре, поскольку равенством суффиксов обозначается равенство грамматического значения слов, и тем самым здесь действует та же ассоциация по сходству, как и в метафоре.[4] Приведем один из примеров нашей картотеки: *По всем немецким, и советским, / И польским, и иным пут***ям***, / По всем печ***ам***, по всем мертвецким, / По всем страст***ям***, по всем смерт***ям***, – Я шел.* (С.Липкин. «Моисей») В этом стихотворном отрывке слова *путь, печь, страсть, смерть* (в сочетании с предлогом *по*) употреблены в форме дательного падежа множественного числа, благодаря чему наблюдается повтор окончания *-ам* (*-ям*). Обратимся к другому примеру: *Всю семью*

---

① Важно также указать, что в первом значении слово соль используется только в единственном числе.

② Кузнецов С.А. Большой толковый словарь русского языка [М]. СПб.: «Норинт», 2000: 1234.

③ Москвин В.П. Выразительные средства современной русской речи. Тропы и фигуры. Терминологический словарь (Изд. 3-е, испр. и доп) [М]. Ростов н/Д: Феникс, 2007: 207.

④ Якобсон Р.О. Основа славянского сравнительного литературоведения [М] // Работы по поэтике: Переводы. М.: Прогресс, 1987: 29.

*/ Сто раз отобразили в интервью. / Уж малолетка прочили в Гомеры. / Откликнулись на это пионер***ы***, / Водител***и*** такси, пенсионер***ы***, / Учителя, артист***ы***, инженер***ы*** / И прочие любител***и*** стихов…* (Д.Самойлов. «Малолеток») В поэтическом тексте слова *пионер, водитель, пенсионер, артист, инженер и любитель* использованы в именительном падеже множественного числа с близкозвучными окончаниями. Употребление гомеоптотона в стихотворных произведениях, с одной стороны, способствует реализации авторского замысла, с другой стороны, усиливает ритмическую организацию текста.

Каламбур. Он определяется как остроумное выражение, в основе которого лежит какой-либо прием языковой игры.[①] При реализации эстетических ресурсов грамматического числа существительных каламбур обычно создается за счет обыгрывания форм единственного и множественного числа, различающихся своими лексическими и грамматическими значениями. Актуализация эстетических ресурсов грамматического числа существительных определяется разными факторами. В ряде случаев может обыгрываться частичное совпадение в звучании форм числа разных существительных. Например: *На нем* **техасы** *из* **Техаса**, */ Кольцо из Брно, / Есть у него в Ильинке хаза, / а в ней вино.* (Е.Евтушенко. «Дитя-злодей») Комический эффект здесь создается за счет того, что поэт обыгрывает частично совпадающие в звучании и написании словоформы двух лексем – *техасы* (в значении «джинсы», существительное pluralia tantum) и *Техас* (штат на юге США, singularia tantum).

---

① Москвин В.П. Выразительные средства современной русской речи. Тропы и фигуры. Терминологический словарь (Изд. 3-е, испр. и доп) [М]. Ростов н/Д: Феникс, 2007: 300.

Прономинация. Этот прием представляет собой метафорическую фигуру, состоящую в экспрессивном использовании имени собственного в значении имени нарицательного.① Интерес к именам собственным как единицам определенного лексико-грамматического разряда существительных характеризуется устойчивостью на протяжении многих лет. Онимы подвергались исследованию в контексте проблем семантики языковых единиц②, их эстетических ресурсов③, усиления экспрессивности текста.④

Проведенный нами анализ языковых фактов показал, что среди ономастических единиц, используемых в качестве прономинации, могут быть выделены различные типы слов:

1) антропонимы, включающие в себя личные имена (*Владимиры, Иваны, Ираклии, Людовики, Николаи, Остапы, Силантии; Анны, Веры, Ларисы, Марии, Марты*), фамилии (*Бетховены, Брюсовы, Гоголи, Грибоедовы, Есенины, Канты, Ломоносовы, Пушкины, Шекспиры, Эдисоны*), отчества (*Андреевны, Ивановны, Петровны, Сидоровны, Ярославны*), прозвища (*Грозные, Окаянные*), псевдонимы (*Ленины*);

2) топонимы, в составе которых вычленяются хоронимы (*Африки, России, Сербии*), астионимы (*Вашингтоны, Киевы, Нью-Йорки, Парижи*), оронимы (*Кавказы, Уралы, Эвересты*), гидронимы (*Волги, Невы*);

---

① Москвин В.П. Выразительные средства современной русской речи. Тропы и фигуры. Терминологический словарь (Изд. 3-е, испр. и доп) [M]. Ростов н/Д: Феникс, 2007: 593.

② Суперанская А.В. Общая теория имени собственного [M]. М.: Наука, 1973: 366.

③ Хайрутдинова Г.А. Эстетические ресурсы морфологических средств русского языка: автореф. [D]. Казань: КФУ, 2009: 45.

④ Шорникова И.А. Употребление множественного числа имен собственных как способ создания экспрессивности в газетном тексте [J]. Вестник Московского государственного областного университета (Серия: Русская филология), 2010 (01): 92-95.

3) мифонимы и герои легенд, сказок (*Аполлоны, Гераклы, Зевсы, Иванушки-дурачки, Орфеи, Золушки, Эвридики*);

4) сортовые и фирменные названия (*«Волги», «мерседесы», МИГи, «Фольксвагены»*).

В соответствии с авторской интенцией использование прономинации позволяет реализовать разные художественные задачи, которые могут быть связаны с усилением образности текста, созданием комического эффекта и др. Так, в приводимом далее фрагменте текста выделенная форма множественного числа антропонима, обозначая в экспрессивной форме отечественных поэтов, обретает яркое образное осмысление: *Многоэтажься, Гиз, / и из здания / слова / печатные / лей нам, / чтоб радовались /* **Пушкины** */ своим изданиям, / роскошным, / удешевленным / и юбилейным* (В.Маяковский. «Шутка, похожая на правду») Прием прономинации представлен также в следующем примере: *В грязи и прахе / Звучит торжественно неслышимый хорал! / Но где* **Бетховены** *и* **Бахи**? */ И, может быть, гранит услышу вдруг – / Его адажио и скерцо…* (А.Адалис. «Есть музыка неслышная во всём...») В данном отрывке стихотворного текста употреблены плюральные формы фамилий выдающихся немецких композиторов. Как известно, Людвиг ван Бетховен (1770 – 1827) является последним представителем «венской классической школы»[1]; Иоганн Себастьян Бах (1685 – 1750) относится к эпохе барокко.[2] Используя антропонимы *Бетховен* и *Бах* в форме множественного числа, автор в образно-ассоциативной форме выражает

---

① Прохоров А.М. Большая советская энциклопедия. (В 30 томах) [M]. M.: Советская энциклопедия, 1970: 285.

② Прохоров А.М. Большая советская энциклопедия. (В 30 томах) [M]. M.: Советская энциклопедия, 1970: 51.

значение «талантливые композиторы». В следующем стихотворном произведении употреблена форма множественного числа собственного имени *Иуда*: *Но эти* **Иуды** *не повесятся / На дрожащей проклятой осине.* (А.Баркова. «Ритм с перебоями») В христианстве Иуда Искариот известен как один из двенадцати апостолов, предавший Иисуса Христа.① Как видим, благодаря использованию имени собственного в значении нарицательного (*Иуды* – «предатели») автор усиливает образность текста.

Эхо-рифма. Данный прием представляет собой комбинацию абзацного членения и рифменного подхвата как прием акцентирования. Сюда же относятся случаи, когда одно из двух рифмующихся слов полностью включено в другое.② Результаты нашего исследования показывают, что для реализации эхо-рифмы часто используются вариантные формы числа: *Слепой порыв безмолвия / Стянул гусиной кожей / Тазы и пояса / И, протащившись с дрожью, / Как зябкая* **оса**, */ По записям и папкам, / За пазухи и шапки / Заполз под* **волоса**. (Б.Пастернак. «Кому-то стало дурно...»); *Как будто / на язык / за кусом кус / кладут / воздушнейшие* **торта** *– / такой / установился / феерический вкус / в благоуханных / апартаментах /* **рта**. (В.Маяковский. «Я счастлив!») Нередко встречаются двойные формы числа: *Стынет воздух и медленно меркнет / Уж скользят ветровые* **ужи** */ На стене католической церкви / Курят трубки святые* **мужи** (Б.Поплавский. «Распускаются розы тумана...»). В составе этого приема употребляются и архаические формы числа: *Только книги в восемь рядов, / Молчаливые, грузные* **томы**, */ Сторожат вековые* **истомы**,*/ Словно зубы в восемь рядов.*

① Прохоров А.М. Большая советская энциклопедия (В 30 томах) [M]. М.: Советская энциклопедия, 1973: 58.

② Москвин В.П. Выразительные средства современной русской речи. Тропы и фигуры. Терминологический словарь [M]. Ростов н/Д: Феникс, 2007: 934.

(Н.Гумилев. «У меня не живут цветы...»)

Анализ грамматических форм числа существительных с точки зрения их использования в качестве стилистических приемов показал, что среди них наиболее часто встречаются такие приемы, как амплификация, гомеоптотон, прономинация, рифма и синекдоха.

Выводы

В процессе изучения категории числа существительных и ее эстетических возможностей были сделаны следующие обобщения.

Число субстантивов представляет собой весьма перспективный объект исследования в области грамматической теории и стилистики. С нашей точки зрения, при анализе ряда ключевых вопросов целесообразно следовать позиции тех ученых, которые считают, что число существительных – это категория семантическая, обладающая также структурной значимостью, отражательная, облигаторная, словоизменительная. Как и многие современные грамматисты, мы полагаем, что семантика данной категории связана с отражением количества дискретных объектов, т.е. с выражением значений единичности или расчлененной множественности предметов.

Особый интерес для нас представляло описание эстетических возможностей категории числа. В первую очередь было необходимо определить те предпосылки, которые позволяют реализовать эстетические потенции рассматриваемой категории. Изучение языкового материала позволило установить, что к таким предпосылкам, следует отнести: 1) особенности ее семантики; 2) отсутствие универсального (стандартного) аффикса, выражающего значение множественного числа; 3) наличие существительных, имеющих неполную парадигму категории числа; 4) вариантность форм множественного числа, характерная для ряда существительных; 5) наличие в русском языке таких полисемантов, числовая парадигма которых обнаруживает тесное взаимодействие двух типов значений – лексического и морфологического значения числа; 6) звуковое подобие форм числа существительных, имеющих разные лексические значения.

При анализе функционирования существительных в поэтических произведениях было определено, что эстетические ресурсы категории числа целесообразно изучать в следующих аспектах: с точки зрения отражения определенной эстетической категории, версификационных особенностей текста, формирования его образности и композиционной организации.

Анализ стихотворных текстов в рамках первого аспекта показал, что с целью отражения категории возвышенного наиболее часто используются: 1) формы единственного числа с обобщенно-собирательным значением и 2) вариантные формы множественного числа. С целью порождения комического эффекта может обыгрываться внешнее подобие существительных, являющихся разными словами, а также словоформ, представляющих собой отклонение от грамматической нормы.

При исследовании форм числа как средств версификации рассматривалась их роль в создании рифмы и ритма стихотворного текста. Было выявлено, что с этой целью наиболее часто используются формы множественного числа. Среди них выделяются формы вариантные (архаические или свойственные определенному стилю, сфере общения) и двойные. Кроме того, отмечены словоформы, представляющие собой отклонение от грамматической нормы.

Образность текста часто формируется за счет употребления плюральных форм конкретных слов и существительных singularia tantum.

Проведенный нами анализ стихотворных произведений показал, что эстетические возможности категории числа реализуются в составе 13 приемов: аллеотеты, амплификации, антанаклазы, антитезы, гиперболы, гомеоптотона, каламбура, метонимии, прономинации, рифмы, синекдохи, солецизма, эхо-рифмы. К наиболее частотным относятся такие приемы, как амплификация, гомеоптотон, прономинация, рифма и синекдоха.

Если характеризовать представленные аспекты изучения эстетики категории числа, то следует отметить, что весьма перспективным является последнее из перечисленных направлений: в частности, установление полного списка стилистических приемов, в качестве которых используются формы числа существительных, даст возможность объективировать эту сферу научного исследования благодаря применению количественно-статистического метода исследования. Полученные выводы позволят, например, сопоставить грамматическое число с другими категориями существительного с точки зрения их эстетических ресурсов, что дополнит теоретические представления в области грамматической стилистики.

ГЛАВА III КАТЕГОРИЯ ПАДЕЖА ИМЕН СУЩЕСТВИТЕЛЬНЫХ И ЕЕ ЭСТЕТИЧЕСКИЕ ВОЗМОЖНОСТИ

3.1 Падеж существительных как морфологическая категория

Падеж существительных как категория, обнаруживающая «разрыв между бедностью внешних форм и разнообразием включенных в нее грамматических функций»[①], вызывает неослабевающий интерес ученых. Привлекают внимание исследователей и дискуссионные вопросы, связанные с описанием этой категории.

3.1.1 Количество падежей существительных

К числу таких вопросов следует отнести проблему количества падежей. Как отмечает А.А.Шахматов, общеславянский праязык унаследовал из эпохи общеиндоевропейского единства семь падежей: именительный, родительный, дательный, винительный, творительный, местный (или предложный) и звательный падежи.[②] Затем звательный падеж был утрачен, однако некоторые следы его бытования в языке сохранились в фольклоре и

① Виноградов В.В. Русский язык (Грамматическое учение о слове) [М]. М.: Высш. шк., 1986: 144.

② Шахматов А.А. Историческая морфология русского язык. Предисловие и примечания С.П.Обнорского [М]. М.: Учпедгиз, 1957: 16.

художественной литературе.

Традиционно считается, что категория падежа русских субстантивов состоит из шести рядов форм, каждая из которых представляет собой носитель определенного комплекса категориальных морфологических значений.[①] Однако некоторые ученые (А.А.Зализняк, И.Г.Милославский, Е.В.Клобуков, Г.И.Панова) пишут о возможности выделения большего количества падежей. Например, А.А.Зализняк, имея в виду употребления типа *много сахару, на берегу,* вслед за Р.О.Якобсоном и другими учеными, признает существование второго родительного и второго предложного падежей.[②]

И.Г.Милославский, кроме традиционно выделяемых, называет еще 5 падежей: второй родительный (количественный) (*сахару, песку, сыру, чаю* и т.д.), счетный падеж (который употребляется в контекстах *два..., полтора..., полторы..., оба..., обе..., три..., четыре...*), ждательный падеж (употребление этого падежа ограничено глаголом *ждать* и производными от него, а также отчасти глаголами *бояться, слушаться, остерегаться, опасаться*), превратительный падеж (*выбрать в депутаты, выйти в люди* и т.д.) и местный (*на снегу, в шкафу*).[③] Ученый полагает, что в ряде русских грамматик падежная система русских существительных представлена как шести-, семи- или восьмичленная. Счетный, ждательный и превратительный падежи обычно падежами не считаются в силу ограниченности их

① Плотникова В.А. Имя существительное [M] // Русская грамматика (в 2 т. Т. 1). М.: Наука, 1980: 475.

② Зализняк А.А. Русское именное словоизменение [M]. М.: Наука, 1967: 37.

③ Милославский И.Г. Морфологические категории современного русского языка [M]. М.: Просвещение, 1981: 72-77.

употребления.[①]

Сходная точка зрения изложена и в монографии Е.В.Клобукова, который полагает, что в современном русском языке существуют именительный, звательный, родительный, партитивный, два счетных, дательный, винительный, творительный, предложный и местный падежи.[②]

Г.И.Панова указывает, что при выделении дополнительных падежей обычно называются 4 падежа: партитивный, счетный, местный и звательный.[③]

При рассмотрении этого вопроса мы будем придерживаться традиционной точки зрения, считая, что падежная система в русском языке представлена шестью рядами грамматических форм (И., Р., Д., В., Т. и П. п.).

3.1.2 Различные классификации морфологических категорий падежа существительных

Еще одним вопросом, вызывающим споры среди ученых, является вопрос о статусе падежа при рассмотрении различных классификаций морфологических категорий.

В соответствии с описанием морфологических категорий по их способности / неспособности противопоставлять формы одной и той же лексемы падеж считается словоизменительной категорией (см. работы

---

① Милославский И.Г. Морфологические категории современного русского языка [М]. М.: Просвещение, 1981: 77

② Клобуков Е.В. Семантика падежных форм в современном русском литературном языке: Введение в методику позиционного анализа [М]. М.: Изд-во Московского университета, 1986: 18, 23.

③ Панова Г.И. Современный русский язык. Морфология: словарь-справочник (Часть I). [М]. Абакан: Издательство Хакасского государственного университета им. Н.Ф.Катанова, 2003: 119-120.

А.А.Зализняка, Е.В.Клобукова, Г.И.Пановой и др.). Так, с точки зрения А.А.Зализняка, падеж представляет собой словоизменительную категорию для всех именных парадигм, в том числе и для существительных.[①] Сходное мнение выражает О.Г.Ревзина. Свой вывод она обосновывает следующим образом: набор падежных морфем образует парадигму, и минимальной областью, где выявляется эта категория, является словоформа.[②] Как полагает Е.В.Клобуков, до последнего времени противопоставление морфологических категорий по отношению к слову и к словоформе рассматривалось как бинарное. Однако в ряде работ, например, А.В.Бондарко, классификация категорий по указанному критерию превращается в тернарное противопоставление.[③] Действительно, в терминологии А.В.Бондарко падеж существительных относится к категориям, в которых представлены корреляции форм одного и того же слова, следовательно он входит в группу последовательно коррелятивных категорий. Среди последовательно коррелятивных морфологических категорий А.В.Бондарко выделяет две подгруппы: категории с лексически необусловленной парадигмой и категории с частичной лексической обусловленностью парадигмы. Категория падежа существительных, по мнению ученого, принадлежит первой подгруппе.[④] По характеру отношений между словоформами, представляющими граммемы данной категории, ученый различает два типа коррелятивных морфологических категорий: альтернационный и деривационный. Если в первом случае (при морфологической альтернации) налицо чередование словоформ,

① Зализняк А.А. Русское именное словоизменение [М]. М.: Наука, 1967: 36-37.

② Ревзина О.Г. Общая теория грамматических категорий [М] // Структурно-типологические исследования в области грамматики славянских языков. М.: Издательство «Наука», 1973: 16.

③ Клобуков Е.В. Теоретические проблемы русской морфологии [М]. М.: Изд-во Моск. ун-та, 1979: 84.

④ Бондарко А.В. Теория морфологических категорий [М]. Л.: Наука, 1976: 78.

то во втором (при морфологической деривации) – производность одной словоформы от другой. По мнению А.В.Бондарко, категория падежа существительных с определенными оговорками может быть отнесена к альтернационным категориям.①

Хотя мнения ученых и характеризуются определенным своеобразием, однако по основной своей сути они совпадают. Позиции лингвистов сходятся в том, что падеж существительных является словоизменительной категорией.

Имея в виду основной характер содержания морфологических категорий, принято выделять категории с семантической и со структурной доминантой. Согласно позиции А.В.Бондарко, падеж существительных является категорией с семантической доминантой. Однако, помимо семантических, падеж имеет и структурные согласовательные функции, выполняя роль центра, господствующего элемента согласования.② Сходной точки зрения придерживается Г.И.Панова, которая определяет падеж существительных как категорию семантическую, которая обладает также структурной значимостью.③ Иную позицию занимает О.Г.Ревзина, которая считает, что падеж существительных представляет собой преимущественно синтаксическую категорию.④

Мы при рассмотрении этого вопроса следуем точке зрения А.В.Бондарко и Г.И.Пановой.

С точки зрения способности морфологических категорий отражать

---

① Бондарко А.В. Теория морфологических категорий [M]. Л.: Наука, 1976: 99-100.

② Бондарко А.В. Теория морфологических категорий [M]. Л.: Наука, 1976: 41, 43.

③ Панова Г.И. Современный русский язык. Морфология: словарь-справочник (Часть I) [M]. Абакан: Издательство Хакасского государственного университета им. Н.Ф.Катанова, 2003: 111.

④ Ревзина О.Г. Общая теория грамматических категорий [M] // Структурно-типологические исследования в области грамматики славянских языков. М.: Издательство «Наука», 1973: 13.

различия в отношениях объективной действительности или интерпретировать их, ученые вычленяют категории преимущественно отражательного и преимущественно интерпретационного характера. А.В.Бондарко рассматривает категорию падежа существительных как категорию преимущественно отражательного типа.[①]

Рассматривая следующий тип классификации, А.В.Бондарко выделяет три типа морфологических категорий: 1) категории, передающие тот или иной аспект отношения содержания высказывания к действительности с позиции говорящего (актуализационные); 2) категории, не выражающие данного отношения (неактуализационные); 3) категории, которые не заключают в своем содержании постоянного актуализационного признака, но могут участвовать наряду с другими средствами в его выражении (категории с переменной актуализационной значимостью). А.В.Бондарко полагает, чтопадеж существительных относится ко второму типу категорий.[②]

По признаку синтагматической значимости возможно членение морфологических категорий на два типа: синтагматически сильные и синтагматически слабые. В свою очередь синтагматически сильные категории делятся на две подгруппы: 1) синтагматически обусловливающие; 2) синтагматически обусловленные. При рассмотрении этого вопроса мы следуем позиции А.В.Бондарко, который относит падеж существительных ксинтагматически сильным категориям.[③] У категории падежа имен существительных самая сущность падежных значений (отношение предмета, обозначенного данной словоформой, к предмету или действию, обозначенному другой словоформой) предполагает сильное

---

① Бондарко А.В. Теория морфологических категорий [М]. Л.: Наука, 1976: 47.

② Бондарко А.В. Теория морфологических категорий [М]. Л.: Наука, 1976: 50.

③ Бондарко А.В. Теория морфологических категорий [М]. Л.: Наука, 1976: 69.

синтагматическое выявление в связях управления и согласования (в последнем случае имеются в виду синтагматические связи существительных и прилагательных).①

О.Г.Ревзина предлагает членить морфологические категории с учетом устройства плана выражения. По ее мнению, показатели грамматической категории могут исходить либо из слова, принадлежащего данной категории, либо из контекста, в котором оно встречается. Наконец, возможен случай, когда показатели категории имеются и в слове, и в контексте. Поэтому можно говорить о двух основных способах выражения – элементном и контекстном.② Для категории падежа характерно особое соотношение элементного и контекстного способов выражения. Хотя падежные показатели можно выделять, оставаясь в пределах словоформы, как это показывает А.М.Пешковский, объединение показателей одного падежа, а также значений падежей производится на основе контекста. В категории падежа контекстный способ играет не подчиненную, а самостоятельную роль. С учетом этой роли контекста строятся все модели падежа. В подобных случаях можно говорить об элементно-зависимом способе выражения.③

Мы в своей работе будем ориентироваться главным образом на теорию А.В.Бондарко и Г.И.Пановой, полагая, что падеж существительных является категорией словоизменительной, семантической (обладающей также структурной значимостью), облигаторной, морфолого-синтаксического характера.④

---

① Бондарко А.В. Теория морфологических категорий [М]. Л.: Наука, 1976: 73-74.

② Ревзина О.Г. Общая теория грамматических категорий [М] // Структурно-типологические исследования в области грамматики славянских языков. М.: Издательство «Наука», 1973: 14.

③ Ревзина О.Г. Общая теория грамматических категорий [М] // Структурно-типологические исследования в области грамматики славянских языков. М.: Издательство «Наука», 1973: 16.

④ Панова Г.И. Современный русский язык. Морфология: словарь-справочник. Часть I. [М]. Абакан: Издательство Хакасского государственного университета им. Н.Ф.Катанова, 2003: 111.

3.2 Семантика категории падежа

Важное значение для понимания специфики категории падежа существительных имеет определение семантики падежных форм. Анализ лингвистической литературы показывает, что ученые по-разному подходят к решению данного вопроса. Широкую известность в грамматике получили два подхода к трактовке падежных значений: парадигматический① и синтагматический.② Например, по мнению Р.О.Якобсона, значения любого русского падежа следует анализировать, основываясь на трех классификационных признаках: направленность, объемность, периферийность.③

По мнению Е.В.Клобукова, в работах традиционного характера (50-60-х годов прошлого столетия) падежные значения перечислялись списком для каждого падежа, причем не наблюдалось особой тенденции к соотнесению семантических функций у разных падежей. Ученые руководствовались принципом: выделять как можно больше смысловых оттенков употребления каждого из падежей. Это ассоциировалось с адекватностью описания, его приближением к реальной сложности описываемого объекта.④

С точки зрения Н.Ю.Шведовой, значения падежей формируются на основе их синтаксических функций в речи, представляя собой абстракции от данных синтаксических функций. Ученый выделяет следующие основные, самые обобщенные падежные значения: объектное, субъектное

---

① Якобсон Р.О. Избранные работы [М]. М.: Прогресс, 1985: 460.

② Курилович Е. Проблема классификации падежей [М] // Очерки по лингвистике. М.: Изд-во иностр. лим, 1962: 175-203.

③ Якобсон Р.О. Избранные работы [М]. М.: Прогресс, 1985: 139-182.

④ Клобуков Е.В. Семантика падежных форм в современном русском литературном языке: Введение в методику позиционного анализа [М]. М.: Изд-во Московского университета, 1986: 26.

и определительное. Субъектное и объектное значения относятся к абстрактным значениям, сфера выражения определительных отношений характеризуется большей степенью конкретности. Кроме того, по мнению Н.Ю.Шведовой, к сфере абстрактных падежных значений примыкает падежное значение необходимого информативного восполнения.①

Эта идея получила развитие в работах других ученых. Так, Е.В.Клобуков в рамках методики позиционного анализа падежной семантики выделяет четыре основные группы значений диктально-денотативного типа: субъектное, объектное, обстоятельственное и определительное. По мнению ученого, оппозиция «субъект» / «объект» / «(семантическое) определение» / «(семантическое) обстоятельство» представляет собой основное противопоставление в денотативной сфере падежной семантики. Это противопоставление можно представить в виде оппозиции по признакам: актантность / неактантность, центральность / периферийность, ядерность / неядерность и некоторые др. Внутри первой группы (субъектных значений) могут разграничиваться двадцать различных видов субъекта. Эти значения, как справедливо отмечает Е.В.Клобуков, принадлежат не субъектным синтаксемам (падежным формам в субъектном значении), а контексту, точнее, предикатам, сочетающимся с субъектом. Среди объектных значений выделяются следующие более конкретные подтипы: пациенс, делибератив, адресат, инструмент, средство и посредник. Так, значение делиберативного объекта реализуется в таких примерах, как *говорить о книге, думать про каникулы, расспрашивать насчет отпуска*. В третьей группе называются следующие виды значений: пространственные, временные, каузальные, комитативные, образа действия и меры. Значения

① Шведова Н.Ю. Русская грамматика (Т. 1): Фонетика. Фонология. Ударение. Интонация. Словообразование. Морфология [М]. М.: Наука, 1982: 475-478.

последней группы реализуются в двух позиционных вариантах: собственно определительном и предикативном.①

Исследование системы падежных значений в рамках данной концепции представляется весьма интересным. Однако сложный, громоздкий характер учета различных факторов, влияющих на функционирование грамматических единиц, не позволяет использовать данную методику в практике описания их эстетических возможностей.

По мнению Г.И.Пановой, морфологическая категория падежа существительных предназначена прежде всего для выражения субъектных и объектных отношений, кроме того, она может выражать обстоятельственные и определительные отношения.② Под субъектным значением понимается значение отношения предмета к действию, которое совершается самим этим предметом, или к состоянию, носителем которого является предмет, например: ***Отец*** *работает*; ***Девочкам*** *весело*. Объектное значение – это значение отношения предмета к действию, которое направлено на этот предмет: *читать* ***книгу***, *наблюдать за* ***демонстрацией***. Падежная форма, которая имеет обстоятельственное значение, выражает отношение предмета к действию, которое характеризуется этим отношением с точки зрения обстоятельств его совершения (времени, пространства, цели, причины, образа действия и т.п.). Например: *путешествовать* ***лесом****, поехать* ***на автобусе****, резать хлеб* ***ломтями****, мчаться* ***стрелой***. При определительном значении падежная форма передает отношение предмета к другому предмету, который этим отношением с той или иной стороны характеризуется, например:

① Клобуков Е.В. Семантика падежных форм в современном русском литературном языке: Введение в методику позиционного анализа [М]. М.: Изд-во Московского университета, 1986: 51-59.

② Панова Г.И. Современный русский язык. Морфология: словарь-справочник (Часть I) [М]. Абакан: Издательство Хакасского государственного университета им. Н.Ф.Катанова, 2003: 110-111.

*памятник **герою**; галстук **в полоску**; Дочь – **красавица**.*[①]

Л.Д.Чеснокова выделяет шесть значений падежных форм. Кроме тех четырех значений, которые определяются Г.И.Пановой, она выделяет еще два значения – предикативное и вокативное (звательное). Падежная форма, имеющая предикативное значение, выступает в роли именной части составного именного сказуемого, например: *Удивительны*е **птицы** *вороны…* (В.Арсеньев) Вокативное значение имеют существительные в роли обращения, например: **Москва, Москва**! *Люблю тебя, как сын…* (М.Лермонтов)[②]

Мы при анализе падежных форм будем ориентироваться на тот подход к описанию семантики падежей, который отражен в работах Н.Ю.Шведовой и Г.И.Пановой.

3.3 К проблеме эстетического потенциала падежных форм (обзор лингвистических работ)

Издавна внимание исследователей привлекали и стилистические возможности этой категории. Однако ряд вопросов, в том числе определение эстетических ресурсов падежных форм, еще не получил глубокого, системного освещения. Можно говорить лишь об отдельных наблюдениях, касающихся анализа эстетического потенциала этой категории, которые приводятся при описании ее выразительности.

Так, в результате рассмотрения особенностей употребления языковых

---

① Панова Г.И. Современный русский язык. Морфология: словарь-справочник (Часть I) [М]. Абакан: Издательство Хакасского государственного университета им. Н.Ф.Катанова, 2003: 112-113.

② Чеснокова Л.Д. Современный русский язык: Теория. Анализ языковых единиц: учебник для студ. высш. учеб. заведений: (В 2 ч. Ч. 2) Морфология. Синтаксис [М]. М.: Феникс, 2008: 56-57.

единиц в художественной речи, А.И.Ефимов приходит к выводу о том, что разная степень экспрессивности (выразительности) категорий существительных определяется многими причинами. В качестве основных он называет: специфику грамматических значений, характерных для разных категорий; те ассоциации и аналогии, которые возникают при употреблении грамматических единиц; исторические сдвиги, которые происходят в языке; изменение стилистических норм; характер основ; лексические значения, которые заложены в словах; а также перемещение слов из привычных сфер в новые, необычные.[①] Что касается падежных форм, то их экспрессивность во многом зависит от сложившихся в языке синонимических отношений. Как отмечает ученый, существующие эквивалентно-синонимические падежные формы на разных этапах развития литературного языка или входят в систему его средств, или рассматриваются как отступление от литературных норм. Причем при оценке этих форм следует использовать исторический принцип. Например, если во времена Ломоносова параллельные окончания родительного падежа (*из сада* и *из саду*) различали высокий и низкий стиль, то позднее формы типа *с возу*, *из дому* стали рассматриваться лишь как просторечно-разговорные.[②] Среди экспрессивных падежных форм исследователь анализирует случаи употребления форм именительного падежа множественного числа (типа *фельдъегеря, облаки*), родительного падежа единственного числа (*свету*), явно искаженные формы родительного падежа множественного числа (*местов, блюдов*), а также склонение неизменяемых слов (типа *из депа*).[③]

В.П.Ковалев при анализе средств художественной выразительности называет также сравнительно немногочисленные случаи использования

① Ефимов А.И. Стилистика русского языка [M]. M.: Просвещение, 1969: 130-131.

② Ефимов А.И. Стилистика русского языка [M]. M.: Просвещение, 1969: 135.

③ Ефимов А.И. Стилистика русского языка [M]. M.: Просвещение, 1969: 136-137.

падежных форм существительных. Ученый считает, что для достижения выразительности речи чаще обыгрывается формальная сторона категории падежа. Автором описаны некоторые примеры употребления искаженных, ошибочных форм родительного падежа множественного числа, склонения неизменяемых существительных, назойливого повторения разных падежных форм одного и того же слова, а также обыгрывания разных значений родительного падежа множественного числа. При этом отмечается, что ненормативные падежные формы могут использоваться для речевой характеристики персонажей или для достижения комического эффекта.[1]

И.А.Ионова рассматривает выразительные возможности категории падежа в связи с описанием морфологического выражения одушевленности – неодушевленности существительных, стилистически маркированных падежных вариантов, архаических форм звательного падежа. Признак одушевленности – неодушевленности существительных иногда используется для создания художественных образов. С точки зрения исследователя, «выразительность, опирающаяся на выбор одного из вариантов, для категории падежа не является характерной». Более интересны «результаты исследования художественных возможностей падежной специфики одушевленных и неодушевленных существительных» и «падежных архаизмов».[2]

В одной из работ И.Б.Голуб приводится стилистическая характеристика падежных форм, в том числе в плане описания их экспрессивных возможностей. На материале художественной и газетно-публицистической речи рассмотрены варианты окончаний некоторых падежей, устаревшие падежные флексии, а также случаи нарушения норм склонения. Предложен

① Ковалев В.П. Выразительные средства художественной речи [М]. Киев: Рад. шк., 1985: 103-104.

② Ионова И.А. Морфология поэтической речи [М]. Кишинев: Штиинца, 1988: 122.

стилистический комментарий склонения некоторых групп имен собственных и аббревиатур. По мнению автора, в центре внимания грамматической стилистики должны быть вариантные окончания существительных, так как они «нередко становятся источником речевой экспрессии в художественной речи».[①]

3.4 Предпосылки, способствующие эстетической актуализации категории падежа

Согласно позиции Г.И.Пановой, категория падежа имеет свои особенности с точки зрения семантики, структурной организации, взаимодействия с лексическими значениями существительного по сравнению с другими категориями.[②] Все это, безусловно, должно учитываться при выявлении тех предпосылок, которые способствуют актуализации эстетических возможностей падежных форм, функционирующих в поэтическом тексте. С нашей точки зрения, эстетические ресурсы рассматриваемых грамматических единиц могут быть обусловлены следующим.

3.4.1 Явление вариантности падежных форм

В качестве одной из предпосылок следует отметить явление вариантности падежных форм. Под вариантностью (вариативностью) понимается такое свойство языковых единиц, как представленность их в виде множества вариантов (нормы и ее модификаций).[③] В частности, от основных падежных

① Голуб И.Б. Грамматическая стилистика современного русского языка: учебное пособие [М]. М.: Высш. шк., 1989: 45.

② Панова Г.И. Современный русский язык. Морфология: словарь-справочник (Часть I) [М]. Абакан: Издательство Хакасского государственного университета им. Н.Ф.Катанова, 2003: 125.

③ Солнцев В.М. Вариантность [М] // Русский язык: Энциклопедия. М.: Большая Российская Энциклопедия, Дрофа, 1998: 60.

окончаний вариантные отличаются тем, что встречаются лишь в небольших группах существительных и в отдельных словах, в то время как основные окончания свойственны большинству слов, относящихся к данному типу склонения. Описание вариантных окончаний падежей дается, как правило, в нормативных грамматиках, справочных изданиях (см., например[①]).

Рассмотрим вначале те вариантные формы, которые от нормативной словоформы отличаются сферой употребления, о чем свидетельствуют имеющиеся при них стилистические пометы (*разг.*, *спец.*, *поэт.* и т.п.). Если иметь в виду падежные формы единственного числа, то наиболее часто с целью эстетической актуализации используются формы родительного падежа с вариантным окончанием *-у* (*-ю*) вместо нормативной флексии *-а* (*-я*), образуемые от существительных мужского рода I субстантивного склонения. В большинстве случаев такие вариантные формы имеют существительные вещественные 1) или отвлеченные 2). Например: 1) *Втедни, дай Бог, откраю и докраю / гражданская повеет благодать: / всесбудется, очемзачашкой* **чаю** */ мы на чужбине любим погадать.* (В.Набоков. «Годовщина»); *Вот и «предмет» – казначейский чиновник: / Лицо – как терка для зеленого* **сыру**, */ Но однако и он, и он – любовник, / На высокий тон настроивший лиру...* (В.Горянский. «На улице»); 2) *Как используем мы сами, / Без ошибок и без* **шуму**, */ Эту, полную нулями, / Опьяняющую сумму*?.. (М.Тарловский. «Воздушная лотерея»); *Объехал, скажут, полстраны, / К готовому пришел… / – Для* **интересу** *взять должны, / Толкует богомол. / – А что ты думаешь, родной!* (А.Твардовский.

① Панова Г.И. Современный русский язык. Морфология: словарь-справочник (Часть I) [M]. Абакан: Издательство Хакасского государственного университета им. Н.Ф.Катанова, 2003: 127.

«От стороны, что всех родней...»); *Но если верить старожилам / (Не все ж сошли они с ума), / Признать должны мы, что без* **спору** */ Ходили деньги в эту пору / С могучей подписью: Хома.* (П.Васильев. «Принц Фома»); *Площадь зимняя вся в огнях, / дверь подъезда берется с* **бою**, */ и милиция на конях / над покачивающейся толпою.* (Я.Смеляков. «Маяковский») Конкретные существительные в форме родительного падежа единственного числа с флексией *-у (-ю)* используются значительно реже: *Как к голубке безмужней вдовушке / Попросились купцы в ночевочку: / «Далеко, мол, вдова, до* **городу**!» (М.Цветаева. «Купечество»); *Любовью – / горы им снесены; / любить – / так чтоб кровь из* **носу**, */ чтоб меры ей не было, / ни цены, / ни гибели, / ни износу.* (Н.Асеев. «Косой дождь») Довольно многочисленную группу составляют случаи употребления форм предложного падежа с окончанием *-у* (*-ю*) вместо основной флексии *-е* у существительных мужского рода с нулевым окончанием: *И чтоб нам не привыкнуть к потерям / (Ты с начальством знакома* **в цеху**), */ Сделай так, чтобы стать подмастерьем / Моему молодому стиху*! (М.Светлов. «Что-то странное ночью случилось...») Вариантное окончание *-ою* (*-ею*) вместо нормативной флексии *-ой* (*-ей*) часто встречается у существительных женского рода II склонения: *И, стирая с неба луч / Тряпкою сырою, / Выжимают дождь из туч / Над моей* **горою**. (В.Шаламов. «Лезут в окна мотыльки...»)

Изучение функционирования плюральных форм показывает, что проявлению эстетических возможностей категории падежа часто способствует вариантность форм именительного падежа, образуемых от существительных мужского рода I склонения (типа *шоферы / шофера*), например: *Всевстрепаннее, всемноголепестней / Ложиться будут первого числа / Живыенравы, навыкиипесни / Влугаипашнии на* **промысла**. (Б.Пастернак. «Весенний день тридцатого апреля...»); *Проходит в* *лунный и зернистый / снегянваря, / гдеторговали букинисты / и* **пекаря**. (Н.Ушаков. «Двадцать первое»); *И, сливаясь ссиреной кронштадтской, / Льется бронзовый голос Петра – / Там, где струбками в бурекабацкой / Чужестранные спят* **шкипера**. (П.Антокольский. «Петроград 1918») Во всех приведенных примерах используются формы именительного падежа множественного числа, которые имеют разговорную или профессиональную стилистическую окраску.①

С точки зрения вариантности грамматических единиц заметна также активность форм родительного падежа множественного числа, которые образуются от существительных всех трех родов (типа *помидоров / помидор, тетей / теть, плеч / плечей*): *Он встречен был, как Моисей: / Две бабушки, четыре дяди, / И, кажется, шестнадцать* **теть** */ Его выращивали пяди, / Но сохранил его Господь…* (А.Белый. «Первое свидание») Эстетическую функцию могут выполнять также некоторые существительные женского рода III склонения в форме творительного падежа множественного числа при их использовании с флексией *-ми* (типа *дверьми* вместо нормативной *дверями*): *Читающий стихи мои, пойми, – / Есть столько в этих девушках родного, / Что быть бы им моими* **дочерьми**. (М.Вега. «Две девушки»)

Как видим, употребление вариантных падежных форм в большинстве приведенных примеров детерминировано рифмой, т.е. звуковым повтором на конце двух стихотворных строк. В единичных случаях функционирование вариантной падежной формы связано с языковой игрой, т.е. созданием комического эффекта: *Но, как мне им понравиться / Того не* **чаю** *я... Не* **чаю** *я, не* **чаю** *я, / Не* **чаю** *ни черта, – / Хмелею не от* **чаю** *я – / Вино моя мечта.* (Е.Кропивницкий. «Поллитровка»)

---

① Граудина Л.К., Ицкович В.А., Катлинская Л.П. Грамматическая правильность русской речи. Стилистический словарь вариантов [M]. М.: ООО «Издательство Астрель», ООО «Издательство АСТ», 2004: 161.

Интерес представляет анализ частотности употребления отдельных вариантных падежных форм существительных. Изучение материалов «Национального корпуса русского языка» на примере вариантной формы Р. п. ед. ч. *чаю* свидетельствует о том, что данная грамматическая единица в качестве эстетически значимого элемента текста функционирует в стихотворных произведениях 82 авторов. Неоднократное использование словоформы *чаю* обнаруживается в текстах 35 поэтов, при этом высокая активность рассматриваемой грамматической единицы отмечена в произведениях Б.Садовского, В.Меркурьевой, М.Цветаевой, В.Маяковского и И.Сельвинского (см. Рис. 4). С хронологической точки зрения словоформа *чаю* наиболее часто используется в период с 1921 по 1940 гг. (см. Рис. 3)

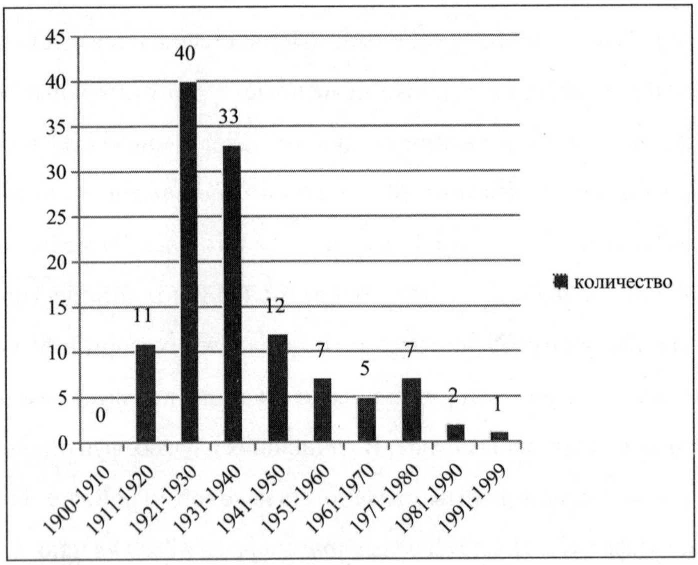

Рис. 3 Хронологическая характеристика словоформы *чаю*

К вариантным относятся также архаические падежные формы, представляющие собой разрозненные остатки прежней грамматической системы русского языка. По мнению Л.В.Зубовой, используемый в стихотворном тексте «грамматический архаизм оказывается наиболее способным к выражению и пафоса, и иронии, он интертекстуален по своей сущности»[①].

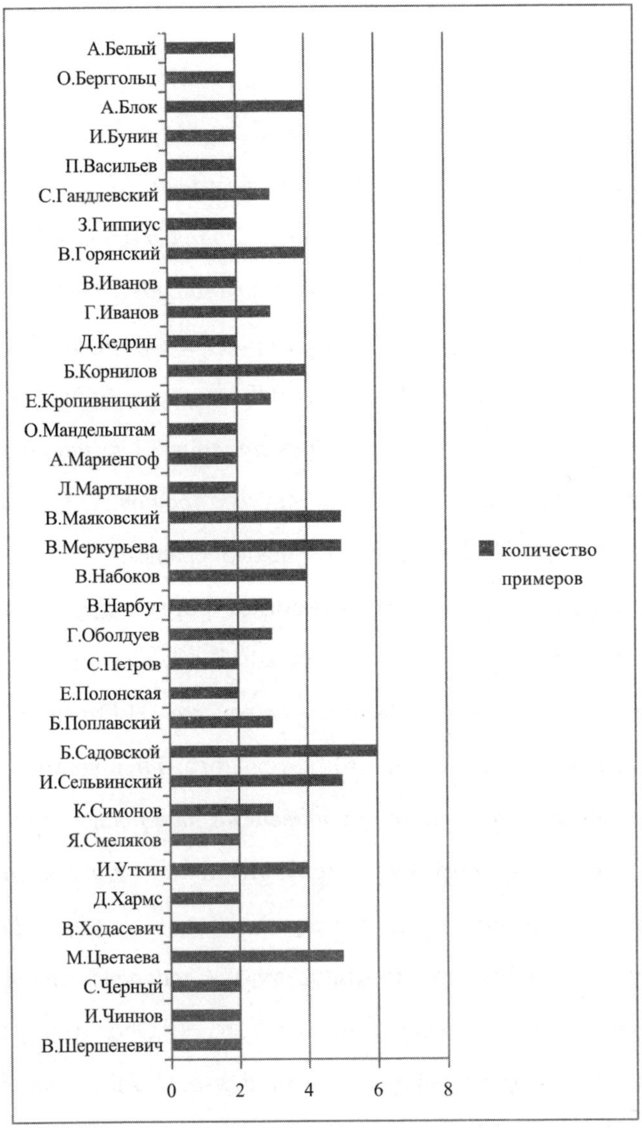

Рис. 4 Количественная характеристика использования словоформы *чаю* в произведениях поэтов XX в.

① Зубова Л.В. Современная русская поэзия в контексте истории языка [М]. М.: Новое литературное обозрение, 2000: 191.

Наиболее часто в стихотворных произведениях используются устаревшие формы звательного падежа единственного числа: *Со старцем Ник беседовал вдвоем. / Увещевал его блаженный: «***Друже***! / Гляди, чтоб не было чего похуже.* (З.Гиппиус. «Со старцем Ник беседовал вдвоем...»); *Слушай,* **сыне***, ты отныне / На погибель обречен…»* (Д.Самойлов. «Конец Пугачева»); *А в волнах, вздев дам на плечи, / Рой самцов выводит па… / Наслаждайся,* **человече***: / Это – голая толпа.* (Саша Черный. «Курортное»); *Что Тебе до нас, капель в штормовом / море, / Злаков, что дрожат зябко в борозде / Зла?.. /* **Ангеле** *наш! Нам холодно в Твоем / мире, / А по сторонам – в людях и везде – / мгла.* (Д.Андреев. «Яросвету – демиургу России»); *Не бойся же,* **княже***! Не пал либерал / От царственной лжи безобразной, – / Я даже и в «Искре» на днях прочитал: / «Власть будет всегда буржуазной!»* (А.Луначарский. «Два либерала»)

Употребляются также архаические формы других падежей – именительного: *О Русь! О солнечная* **мати***! / Ты плачешь роем едких ос / И речкой, парусом берез / Еще вздыхаешь на закате.* (Н.Клюев. «Преподобие отче Елиазаре, моли Бога о нас!..»); дательного: **Господеви** *поклонитеся / Во Святем Дворе Его. / Спит юродивый на паперти, / На него глядит звезда.* (А.Ахматова. «Причитание»); *Беспечно мчатся тильбюри. / Своя довлеет злоба* **дневи***. / До завтрашней ли им зари? / Разгневанно цветут деревья.* (Б.Пастернак. «Бальзак»); *Слесарево-***слесареви***: / По четвёрке с четверти, / С пересолом, без соли…* (Г.Оболдуев. «Тальянка»); творительного: *Говорят: «Упрям ты: / Вся-де Палестина, и Серби, и Албансы, и Волохи, / И Римляне, и Ляхи, – все крестятся тремя* **персты***». / А я им: / «Учители вселенстии! / Рим давно упал, и Ляхи с ним погибли.* (М.Волошин. «Протопоп Аввакум»); предложного: *Он возносит свою надежду и упованья / Кослепительнейшим / соборам / Святой Руси, / Что в* *годину непредставимого ликованья / Отразятся / на земле, / как на* **небеси**. (Д.Андреев. «Я не знаю...»)

Эстетической значимостью обладают и падежные формы множественного числа. Обнаружено немало случаев использования плюральных форм именительного падежа, например: *Где версты, вьюги, перекаты, / Судьба-бубенчик, хмель-ночлеги?.. / «Эх, не белы снежки да* **снеги**!..» *– / Так сорок поприщ пели мы – / Колодники в окно тюрьмы...*(Н.Клюев. «В калигах и в посконной рясе...»); *Смотрю в окно и вслушиваюсь в звуки, / Но вот, явившись в светлой полосе, / Идут к столу, протягивают руки / Бог весть откуда взявшиеся* **други**... (Н.Рубцов. «Вечерние стихи»); *А вода, / Час за часом, струится всегда; / Плачут травы, деревья и* **домы** */ В бесконечности краткой истомы...*(В.Брюсов. «Дождь»); *Вокруг весна, рассветная Москва, / Восторженные прозелиты./ Зарю поддерживали* **дерева**, */ Как темные кариатиды.* (Д.Самойлов. «Памяти юноши») Встречаются также плюральные формы родительного падежа: *...А мы влеченны, как магнитом, / Сладчайшим изо всех* **имян**, */ Что чтим, чрез метры и чрез прозу, / Как Хлою бард, как птаха розу.* (М.Тарловский. «Ода на Победу»); *Тот же солнечный, древний напев, – / Как настой, золотой перезвон – / Золотых, лучезарных* **дерев** */ В бирюзовый, как зовы, мой сон.* (А.Белый. «Леопардовая лапа»); *Завидую я юности их* **крыл**, */ Стремящейся к высотам ликованья, / Я ничего еще не позабыл / Из щедрой дани счастья и страданья.* (В.Рождественский. «Я их пустил на волю. Пусть слова...») Выявлены грамматические формы дательного падежа множественного числа: *Я не видел, не увижу Ваших слез, / не услышу я шуршания колес, / уносящих Вас к заливу, к* **деревам**, */ по отечеству без памятника Вам.* (И.Бродский. «Закричат и захлопочут петухи...»); *Как только пеликан спускается тяжелый, / из странствий* *возвратясь, к туманным тростникам, / голодные птенцы бегут на берег голый, / узнав его вдали по плещущим* **крылам**. (В.Набоков. «Майская ночь») Довольно часто употребляются устаревшие плюральные формы винительного падежа: *Враг впустит огонь в наши темные* **домы**... / *Ваш город, он вспыхнет, как связка соломы.* (Е.Полонская. «Тревога»); *Я вижу хладною пилою / Распиленные на дрова, / Оглядывающиеся на былое / Классические* **дерева**. (Л.Мартынов. «Оглядываясь на былое»); *Не потупив свой взор упругий / И презрев свой венец терновый, / Чтоб живот положить за* **други**, / *Он остался в аду суровом.* (М.Цетлин. «Не по вкусу мне и по нраву...») Зафиксированы случаи использования форм творительного падежа множественного числа: *Пред* **очесами** *тихими какою / Одеждою прикрою стыд мой голый? / Душевное, замглись мне, подневолье!* (В.Иванов. «Наг возвращусь»); *За усталыми холмами, / Серебрясь в вечерней мгле, / Лебедиными* **крылами** / *Распластался по земле.* (А.Штейнберг. «Путь-дорога») Достаточно многочисленную группу составляют контексты с плюральными формами предложного падежа: *В невероятной сини, / Весь в радужных огнях, / Смеется светлый иней /* **На** *нежных* **деревах**. (Е.Кропивницкий. «В невероятной сини...»); *Не засуху, не недород, / Не раскаленный прах – / Благоухание несет / Здесь ветер* **на крылах**. (А.Ахматова. «Так будет!»); *Будто притчу* **во языцех**, / *Затевают рамолли / Разговор о синих птицах: / Ай, люли!* (Г.Оболдуев. «Вариации»); *О Боже сладостный, ужель я в малый миг / Родимой речи таинство постиг, / Прозрел, что в языке поруганном моем / Живет Синайский глас и вышний трубный гром, / Что песню мужика «***Во** *зеленых* **лузях**» / *Создать понудил звук и тайнозренья страх?!* (Н.Клюев. «Поддонный псалом»)

В художественном тексте возможно грамматическое переосмысление архаизма. Весьма активно проявляет себя аграмматическое использование звательной формы падежа существительных. Как отмечает Л.В.Зубова, звательная форма смешивалась с именительным падежом уже в первых русских памятниках письменности. Смешение сказывалось не только в замене звательной формы на именительный падеж, что соответствовало тенденции к утрате категории, но и в обратной замене. Грамматическая неустойчивость этой формы сказывается в частом ее смешении с именительным падежом.①

Из примеров нашей картотеки к сфере аграмматического употребления архаизмов следует отнести те фрагменты поэтических текстов, в которых устаревшая форма звательного падежа употребляется не в качестве обращения, а в позиции подлежащего, то есть вместо формы именительного падежа: *Третий – Пров, четвертый – Нил, / Пятый* **сыне** *Феофил, / Сын шестой звался Лукою.* (И.Прутков. «Сказка о воеводе Досифее»); *Подслушала их монашка, / Раздула щеку-бледну, / Задула монашка свечки, /* **Мил-друже** *пошел ко дну.* (М.Цветаева. «Доныне о бедных детях»); **Боже** *милый плюнет в очи серба, / Его душу заберет на небо.* (Ю.Кузнецов. «Сербская песня»); *Так они по сей день и держатся: /* **Старче** *все тихонько богу плачется, / Просит у бога людям помощи, / У преславной богородицы – радости…* (М.Горький. «Про Ивана-воина и Мирона-отшельника») В некоторых случаях архаическая форма звательного падежа, используемая вместо формы именительного падежа, выполняет синтаксическую функцию сказуемого. В приводимом далее примере в указанной функции выступает форма *старче*: *Сколько бы лет ни глядел я на мамино / Личико – личико ярче и ярче / Светит свиданья залогом нежданного, – / Мама,*

① Зубова Л.В. Современная русская поэзия в контексте истории языка [М]. М.: Новое литературное обозрение, 2000: 224-225.

теперь мы старушка и **старче**… (В.Блаженный. «Мамочка, мама, я буду кузнечиком...»)

Немалый интерес представляет анализ частотности употребления архаических падежных форм существительных. В результате изучения материалов «Национального корпуса русского языка» было выявлено, что среди рассматриваемых грамматических единиц превалируют устаревшие падежные формы множественного числа. Именно плюральные падежные формы, относящиеся к группе архаических элементов современного русского языка, наиболее часто реализуют свои эстетические возможности в стихотворных произведениях XX в., составляя 81% употреблений, в отличие от падежных форм единственного числа (19% случаев). Сделанный вывод наглядно демонстрирует Рис. 5.

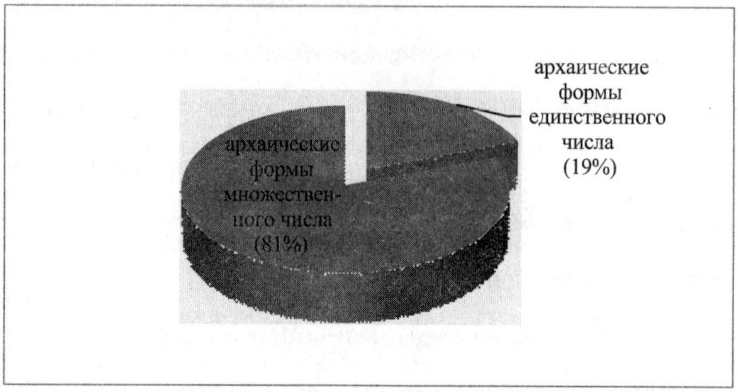

Рис. 5 Количественная характеристика функционирования архаических падежных форм

Имея в виду употребление архаических падежных форм множественного числа, отметим также, что наибольшую активность в качестве эстетически значимых элементов стихотворного текста обнаруживают формы творительного (37,2%), именительного (27,2%) и родительного (24%) падежей, тогда как остальные падежные формы встречаются намного реже (см. Табл. 1).

Табл. 1 Количественные данные об использовании устаревших падежных форм множественного числа

Архаические падежные формы	Количество примеров	Процентное соотношение
И. п.	202	27,2%
Р. п.	178	24%
Д. п.	13	1,8%
В. п.	17	2,3%
Т. п.	276	37,2%
П. п.	56	7,5%

3.4.2 Падежная парадигма существительных

Следующей предпосылкой является характер падежной парадигмы существительного. Дело в том, что некоторые русские субстантивы могут иметь неполную парадигму падежа. Неполный характер парадигмы может быть связан с субъективными представлениями носителей языка о неблагозвучии и, следовательно, ненормативности определенного звукокомплекса. К числу существительных, не имеющих, например, формы родительного падежа множественного числа, относится слово *мечта*.[①] В то же время анализ текстового материала показывает, что данная словоформа иногда употребляется в поэтическом тексте. Так, в приводимом далее примере плюральная форма родительного падежа *мечт* и существительное винительного падежа единственного числа *скетч* образуют неполный звуковой повтор, выполняющий организующую функцию в метрической композиции стихотворения: *Мы вспомнили б и насморк, / И неудобства, / Мы подняли бы на смех / Ходульный остов / Своих любовных* **мечт** – */ Свой*

① Панова Г.И. Современный русский язык. Морфология: словарь-справочник (Часть I) [М]. Абакан: Издательство Хакасского государственного университета им. Н.Ф.Катанова, 2003: 126

рай и храм – / Увидя скверный скетч / Средь драм. (Г.Оболдуев. «Я видел мглу невзгод...»)

3.4.3 Изменение по падежам несклоняемых существительных

Поскольку категория падежа тесно связана с такими формальными классами, как типы склонения, то еще одной предпосылкой реализации ее эстетических возможностей можно считать изменение по падежам несклоняемых существительных. Как известно, некоторые заимствованные существительные (типа *пальто*, *пианино*) имеют одинаковые (омонимичные) падежные формы. Однако в ряде случаев несклоняемые слова приобретают грамматическую форму существительных I или II субстантивного склонения. Так, в поэме «Хорошо!» В.Маяковский использует аналитическую словоформу *из бюры* (предлог *из* + родительный падеж единственного числа), изменяя несклоняемое слово с опорой на парадигму существительных II субстантивного склонения с целью речевой характеристики персонажа: *«Я / товарищи, – /* **из** *военной* **бюры**. */ Кончили заседание – тока-тока…».*

3.4.4 Повтор одной и той же падежной формы, образуемой от разных существительных

Эстетический эффект может быть обусловлен повтором одной и той же падежной формы, образуемой от разных существительных. Например, в следующем фрагменте текста формы творительного падежа множественного числа *домами, заборами, тротуарами* (с предлогом *между / меж*) употребляются для описания маршрута движения бронемашины: *Между* **домами** *старыми. / Между* **заборами** *бурыми, / Меж скрипучими* **тротуарами** */ Бронемашина движется.* (Л.Мартынов. «Между домами старыми...») В приводимом далее отрывке комический эффект создается за счет нагнетания прецедентных имен в форме творительного падежа: *Бываю я* **Бальзаком** *и* **Тагором**, / **Конфуцием**, **Ремарком**, **Низами**, / **Бодлером**, **Навои**, *багдадским вором, / Я* **Пушкиным** *бываю, / Черт возьми! / Бываю* **Александром Македонским**, / **Есениным**, **Рембо**, **Али-бабой**, / **Шекспиром**, **Магометом**, **Маяковским** / *И даже иногда… / Самим собой!* (А.Иванов. «Кем я бываю». Пародия на О.Сулейменова)

3.4.5 Употребление разных падежных форм одного и того же существительного

Реализация эстетических ресурсов падежа возможна при употреблении разных падежных форм одного и того же существительного. Так, иронический подтекст в отрывке из поэмы В.Маяковского «Хорошо!» создается в том числе и за счет употребления разных элементов падежной системы существительного *полковник*, а именно форм винительного и именительного падежей множественного числа: *Любят* / **полковников** / *сантиментальные леди* / **Полковники** / *любят / поговорить на обеде.*

3.4.6 Семантика падежной или предложно-падежной формы существительных

Несомненный интерес представляет та предпосылка, которая связана с обыгрыванием семантики падежной или предложно-падежной формы существительного. Примеров такого типа немного, анализ некоторых из них отражен в исследованиях по эстетике языковых единиц (см., например[1]).

---

① Хайрутдинова Г.А. Эстетические ресурсы русского языка [М]. Казань: Изд-во Казан. ун-та, 2016: 53.

С нашей точки зрения, своеобразная игра значениями предложно-падежных форм существительных обнаруживается при рассмотрении текста стихотворения И.Сельвинского «Советская сказочка»: *Посадили дедку* **за репку**, / *Бабку* **за дедку**, / *Внучку* **за бабку**, / *Жучку* **за внучку**, / *Кошку* **за Жучку** – / *Таскали, тянули, / Семнадцать лет протянули*. Это стихотворение содержит аллюзивную отсылку к известной русской народной сказке. Обыгрывание грамматических значений в совокупности с игровой функцией других элементов языка воспринимается именно в рамках осознания интертекстуальной связи литературного текста с произведением фольклора: однако если в сказке аналитические падежные формы (предлог *за* + винительный падеж) выражают объектное значение, то в стихотворении они реализуют обстоятельственное значение причины, что и определяет комический эффект.

Как видим, предложенный подход к систематизации предпосылок, способствующих реализации эстетических ресурсов падежных форм существительных, учитывает особенности и самой категории падежа, и функционирования соответствующих грамматических средств. В следующем разделе нашей работы мы более обстоятельно рассмотрим использование падежных форм существительных в рамках каждого из обозначенных нами четырех направлений (или аспектов) исследования.

3.5 Реализация эстетических ресурсов категории падежа существительных

3.5.1 Отражение определенных эстетических категорий

В рамках первого аспекта анализа проанализируем формы падежа как средства отражения определенных эстетических категорий.

3.5.1.1 Возвышенное

Обратимся вначале к исследованию падежных форм существительных, принимающих участие в отражении возвышенного. Согласно нашим наблюдениям, при отражении возвышенных явлений наиболее часто используются архаические падежные формы. Так, Ю.Верховский при описании светлой рождественской мечты употребляет устаревшую форму творительного падежа множественного числа *крылами*, которая вместе с другими языковыми элементами (*узрела, хвалами, ликуют, вышних, сиянье, осиянной*) способствует созданию возвышенного в религиозной сфере: *Рождественскою ночью, / Прощения моля, / Узрела бы воочью / Притихшая земля – / Мечту, что ясным взорам / Светла твоим, дитя: Всплывая легким хором, / Свивая сьилетя, / Вот – ангелы* **крылами** */ Сияют в высоте, / Бесплотными хвалами / Ликуюто Христе / Иславу в вышних Богу – / О, слышишьты! – поют...* («Рождественскою ночью») Подобная функция – участие в описании возвышенных явлений – характерна и для форм родительного падежа множественного числа *дерев*, *крыл*, используемых в следующих примерах: *Среди цветущих, огненных* **дерев** */ грустит береза на лугу, / как дева пленная в блистательном кругу / иноплеменных дев.* (В.Набоков. «Береза в воронцовском парке»); *Нет, и не под чуждым небосводом / И не под защитой чуждых* **крыл**, */ Я была тогда с моим народом / Там, где мой народ, к несчастью, б*ыл. (А.Ахматова. «Так не зря мы вместе бедовали...»)

При отражении возвышенного функционируют и вариантные падежные формы, свойственные книжной речи. Рассмотрим в качестве примера стихотворение М.Тарловского «Четвертый Рим». Автор, вступая в полемику с высказыванием инока Филофея («*... Два Рима падоша, а третий стоит, а четвертому не быти!*»), которое взято в качестве эпиграфа, создает своеобразную оду Москве, восстающей из пепла, «как феникс». Вместе с другими языковыми элементами напряженно-эмоциональное звучание стихотворению придает и вариантная предложно-падежная форма *над Россиею* (предлог *над* + Т. п.): *И* **над Россиею** *простертой / Из трижды выжженной травы / Взошел победою четвертый / На красном знамени Москвы...*

3.5.1.2 Комическое

Перейдем к анализу падежных форм существительных, принимающих участие в отражении категории комического. С этой целью рассматриваемые грамматические единицы используются, как правило, в шутливых стихотворениях, эпиграммах или пародиях.

В ряде случаев комический эффект реализуется благодаря повтору одного и того же слова в разных падежных формах. Подобный прием отмечен нами в пародии А.Иванова на поэта Н.Глазкова. Автор употребляет фамилию стихотворца в формах именительного, родительного, дательного и творительного падежей: *Что вижу я во тьме веков? / Кто мне под стать? Не вижу... Словом, / Стоит* **Глазков**, *сидит* **Глазков** */ И восторгается* **Глазковым**. */ Что ныне глаз* **Глазкова** *зрит? / Кто смеет не учесть такого: /* **Глазков Глазкову** *говорит / О гениальности* **Глазкова**! */ Все – чушь, не будь моих стихов! / И в будущем, поверьте слову, / Опять* **Глазков**! *Один* **Глазков**!! */ Дороги все ведут к* **Глазкову**!!! */ Короче, вывод мой таков, / И больше нету никакого: / Есть бог в поэзии –* **Глазков** */ И я,* **Глазков**, *пророк* **Глазкова**... (А.Иванов. «Глазковиада». Пародия на Н.Глазкова)

В отрывке из эпиграммы Л.Мартынова эмоциональная реакция читателя формируется за счет реализации разных значений полисеманта *вода* («речное, морское, озерное пространство, а также их поверхность или уровень» и «о чем-н. бессодержательном и многословном (разг.)»[①]). В создании остроумного выражения участвует также обыгрывание грамматических значений предложного и родительного падежей: *Твои труды хвалю везде / И крепко восторгаюсь ими. / Хоть вся «Цусима» – на* **воде**, */ Но нет* **воды** *в твоей «Цусиме».* («На А.Новикова-Прибоя»)

В следующем примере (также пародии на Н.Глазкова) установка на комическую реакцию выражается за счет нарушения языковой нормы – изменения по падежам несклоняемого существительного *метро*. Стоит отметить: в конце пародии это существительное приобретает также изменяемость по числам, что во многом обусловлено частичным звуковым сходством с существительным *метр* «основная единица длины в международной системе единиц, равная 100 см»[②]. Не случайно автор назвал свою пародию на Н.Глазкова «Метровые стихи», недвусмысленно намекая на некоторые особенности его произведений: *Я утверждаю, что* **метро** */ Полезнее трамвая. / И сочинять сегодня про /* **Метро** *стихи желаю! / Едва проснувшись поутру, / Все москвичи спешат к* **метру**. */ И ранней утренней порой / Я тоже пользуюсь* **метрой**. */ Пускай на улице жара – / Не жарко мне внутри* **метра**, */ А если холод на дворе – / Совсем не холодно в* **метре**! */ О нет, не описать пером, / Как с детства я горжусь* **метром** */ И как с далекой той поры / Москвы не мыслю без* **метры**! */ Так пусть растет*

① Ожегов С.И., Шведова Н.Ю. Толковый словарь русского языка: 80 000 слов и фразеологических выражений [M]. М.: ООО «А ТЕМП», 2007: 89.
Ожегов С.И. Толковый словарь русского языка: Ок. 100000 слов, терминов и фразеологических выражений [M]. М.: АСТ: Мир и Образование, 2014: 144.

② Ожегов С.И., Шведова Н.Ю. Толковый словарь русского языка: 80 000 слов и фразеологических выражений [M]. М.: ООО «А ТЕМП», 2007: 354.
Ожегов С.И. Толковый словарь русского языка: Ок. 100000 слов, терминов и фразеологических выражений [M]. М.: АСТ: Мир и Образование, 2014: 532.

число **метров**! / *Чем дальше в лес, тем больше дров.* (В.Бахнов. «Метровые стихи»)

3.5.2 Реализация особенностей версификации стихотворного произведения

Обратимся к анализу падежных форм существительных, используемых с целью версификации, отражающей важные особенности стихотворной формы речи.

3.5.2.1 Рифма

В первую очередь рассмотрим ту часть языкового материала, которая связана с созданием рифмы. Изучение нашей картотеки показывает, что с этой целью обычно используются: вариантные падежные формы и словоформы, представляющие собой отклонение от грамматической нормы.

Обратимся вначале к анализу вариантных падежных форм. Как известно, у группы существительных мужского рода I субстантивного склонения наряду с формами родительного падежа единственного числа, имеющими флексию *-а* (*-я*), отмечаются вариантные формы с окончанием *-у* (*-ю*). Вариантные окончания характерны главным образом для вещественных существительных, выражающих партитивное значение, а также для слов с отвлеченной семантикой. Так, в следующем фрагменте текста для создания концевых созвучий используется вариантная форма родительного падежа единственного числа *чаю*, свойственная прежде всего разговорной речи[①]: *Баю-баю-баю-***баю**, / *Ты уже напился* **чаю**, / *Кашку съел и наигрался, / Нашалился, наболтался, / Так теперь уж засыпай, /*

① Шведова Н.Ю. Русская грамматика (Т. 1): Фонетика. Фонология. Ударение. Интонация. Словообразование. Морфология [М]. М.: Наука, 1982: 486.

Баю-баю-баю-бай. (И.Сельвинский. «Колыбельная») В приводимом далее примерес целью создания женской рифмы употреблена вариантная форма родительного падежа единственного числа отвлеченного существительного *шум*: *Думает Паранька горькую* **думу**, *– / Что не отлито про нее колечко, / Взяла тайком зеркальце и без* **шуму** */ На морозно-звонкое вышла крылечко.* (В.Горянский. «Паранька щербатая»)

В стихомаркирующей функции нередко используются вариантные формы творительного падежа существительных II субстантивного склонения. Например, в следующем фрагменте стихотворного текста употреблена форма *работою* вместо нормативной словоформы *работой*[①]: *На складе я* **работаю** */ Вокзал не вдалеке. / Я занята* **работою** */ Усердно в уголке.* (Е.Кропивницкий. «Заведующий») В специальной литературе отмечается, что варианты с двусложным окончанием более свойственны книжной речи и широко используются в поэзии.[②] Что касается газетно-публицистического стиля, то эти варианты почти совсем вытеснены вариантами на *-ой*.[③]

С целью создания рифмы функционируют и вариантные формы предложного падежа единственного числа. Так, в одном из стихотворений М.Айзенберга используется вариантная форма *в отпуску*, имеющая разговорную стилистическую окраску (вместо нормативной словоформы *в*

---

① Граудина Л.К., Ицкович В.А., Катлинская Л.П. Грамматическая правильность русской речи. Стилистический словарь вариантов [М]. М.: ООО «Издательство Астрель», ООО «Издательство АСТ», 2004: 191.

② Шведова Н.Ю. Русская грамматика (Т. 1): Фонетика. Фонология. Ударение. Интонация. Словообразование. Морфология [М]. М.: Наука, 1982: 489.

③ Граудина Л.К., Ицкович В.А., Катлинская Л.П. Грамматическая правильность русской речи. Стилистический словарь вариантов [М]. М.: ООО «Издательство Астрель», ООО «Издательство АСТ», 2004: 191.

отпуске[①]) для создания точной мужской рифмы: *Кто расходится под вечер, / кто гуляет в* **отпуску**, */ кто свою, безумный, лечит / семинарами* **тоску**... («Человек хитро устроен...»)

Для достижения звукового повтора в конце стихотворных строк могут использоваться вариантные падежные формы множественного числа. Например, в стихотворении Саши Черного «В усадьбе» употреблена разговорная форма родительного падежа множественного числа *помидор* вместо нормативной формы *помидоров*[②]: *За столом в таком же роде / Деликатный дамский* **хор**: */ О народе, о погоде, / О пюре из* **помидор**…). В одном из стихотворений С.Соловьева с аналогичной целью используется вариантная форма творительного падежа множественного числа существительного *зверьми*, свойственная разговорной речи[③], вместо нормативной формы *зверями*: *Она сказала: «Я разрушу / Всю казнь, творимую* **зверьми**, */ Люби меня, отдай мне душу». / И я ответил ей: «***Возьми**!... («Раутенделейн»)

Как средство версификации функционируют и архаические падежные

---

① Граудина Л.К., Ицкович В.А., Катлинская Л.П. Грамматическая правильность русской речи. Стилистический словарь вариантов [M]. М.: ООО «Издательство Астрель», ООО «Издательство АСТ», 2004: 196.

Скворцов Л.И. Большой толковый словарь правильной русской речи: 8000 слов и выражений [M]. М.: ООО «Издательство Оникс», ООО «Издательство «Мир и Образование», 2009: 555.

② Граудина Л.К., Ицкович В.А., Катлинская Л.П. Грамматическая правильность русской речи. Стилистический словарь вариантов [M]. М.: ООО «Издательство Астрель», ООО «Издательство АСТ», 2004: 183.

Скворцов Л.И. Большой толковый словарь правильной русской речи: 8000 слов и выражений [M]. М.: ООО «Издательство Оникс», ООО «Издательство «Мир и Образование», 2009: 633.

③ Шведова Н.Ю. Русская грамматика (Т. 1): Фонетика. Фонология. Ударение. Интонация. Словообразование. Морфология [M]. М.: Наука, 1982: 495.

формы существительных. Так, в стихотворении «Вариации» для создания концевых созвучий использована архаическая форма именительного падежа единственного числа *телятя*: *На двух маток сил не* **тратя**, */ Наподобие тели, / Будь телятиной,* **телятя**, *– / Ай, люли.* (Г.Оболдуев) В следующем примере в стихомаркирующей функции употреблена архаическая форма дательного падежа единственного числа *небеси* для создания мужской рифмы: *Гроб выстеливается пурпуровым аксамитом – / Почесть царская / отходящему /* **к небеси**, */ И в грядущее / вычеканивается / по плитам: / «Князь великий и самодержец всея* **Руси**». (Д.Андреев. «Посмертье Ивана III») Г.Оболдуев в одном из своих стихотворений использует архаическую форму творительного падежа единственного числа *руцею*: *Невзирая на* **коррупцию**, */ Ковыряя щелки в рай, / Собственной своею «***руцею***» / Духи ближних предавай.* («Сюркуп») В стихотворении О.Мандельштама «Ариост» концевые созвучия создаются в том числе за счет устаревшей формы предложного падежа единственного числа *осляти* с предлогом *на*: *Ягненку на горе, монаху* **на осляти**, */ Солдатам герцога, юродивым слегка / От винопития, чумы и чеснока, / И в сетке синих мух уснувшему* **дитяти**. В следующем фрагменте текста употреблена архаическая форма звательного падежа *мати*: *– Царица льдяная, / Зима буранная, / Будь наша* **мати**, */ Дай* **переждати** */ Твои метели / В веселой хате, / Где б песни пели / Парням девицы…* (А.Толстой. «Заморозки»)

Звуковой повтор в конце стихотворных строк обеспечивается также с помощью архаических падежных форм множественного числа. Например, О.Мандельштам в целях версификации употребляет устаревшую форму родительного падежа множественного числа *дерев* (вместо словоформы *деревьев*): *Высоких, неживых* **дерев** */ Темнеющее рвется кружево: / О, месяц, только ты не суживай / Серпа, внезапно* **почернев**! («На темном небе, как узор...») В следующем фрагменте текста для реализации стихомаркирующей функции использована архаическая форма дательного падежа множественного числа *крылам*: *И ясно понимаю, / Что эра новая – / Не фунт изюму* **нам**, */ Что имя Ленина / Шумит, как ветр по краю, / Давая мыслям ход, / Как мельничным* **крылам**. (С.Есенин. «Стансы») В.Перелешин с той же целью употребляет устаревшую предложно-падежную форму винительного падежа множественного числа *на плеча* для создания мужской рифмы: *Ни громоносной славы, / Ни жгучих сновидений не* **влача**, */ Я только ветры, вечера и травы, / Пускаясь в путь, подъемлю* **на плеча**. («Счастье») В следующем фрагменте текста использована устаревшая форма творительного падежа *словесы*: *Не иду к льстецам твоим в науку, / Не плутаю с хитростью* **лисы**. */ Награжден за муку, за разлуку, / Говорю прямыми* **словесы**. (Д.Самойлов. «Томление Курбского»)

Реже встречаются словоформы, представляющие собой отклонение от грамматической нормы. Например, в следующем фрагменте текста используется ошибочная форма родительного падежа множественного числа *делов* (вместо нормативной формы *дел*) для создания мужской рифмы: *Неужели же нет первозданных, осмысленных* **слов**, */ Чтоб пресыщенный мозг задевали и били по нервам? / Неужели все было игрой? И всего-то* **делов**, */ Что, взойдя на подмостки, кривляться фигляром манерным?* (И.Елагин. «Неужели же нет первозданных, осмысленных слов?..») В стихотворении М.Цветаевой «Под порогом» употреблена ошибочная форма родительного падежа множественного числа *разов* вместо нормативной словоформы *раз*: *Раз да раз – пять* **разов**: */ Перед Богом – пять* **годов**.

3.5.2.2 Ритм

В рамках данного направления анализа следует также рассмотреть функционирование падежных форм существительных, которые участвуют в обеспечении ритмической организации поэтического текста.

Проведенное исследование показало, что с этой целью наиболее часто употребляются вариантные падежные формы существительных, используемые в определенной сфере речевой деятельности. Среди форм единственного числа отмечены два падежа – творительный и предложный. Так, в одном из произведений С.Петрова с целью реализации пятистопного анапеста как метрического размера стиха использована вариантная форма творительного падежа единственного числа *массою* (вместо нормативной словоформы *массой*): *А потом по немому, как месяц, условью, / замыкая в круг запахов тени и день, / темнолистой, ночною, горчащею кровью / хлынет темною* **массою** *в окна сирень.* («Май ударил на славу, и зелень забила...») Анализ материалов нашей картотеки подтверждает наблюдение Л.К.Граудиной, которая отмечает, что в качестве версификационного средства двусложные формы творительного падежа существительных II субстантивного склонения типа *весною* достаточно широко используются в современной стихотворной речи.①

С аналогичной версификационной целью употребляются также вариантные формы предложного падежа. Например, в следующем фрагменте стихотворного текста, имеющего размер четырехстопного анапеста, использована разговорная вариантная форма предложного падежа единственного числа *терему*② с предлогом *в* вместо аналитической словоформы *в те́реме*: *Иль всё та же и там разостлалась равнина / Безответных на клекот курганов-полей, / И о витязе светлом не легче*

① Граудина Л.К. Вопросы нормализации русского языка. Грамматика и варианты [М]. М.: Издательство «Наука», 1980: 184.

② Граудина Л.К. Вопросы нормализации русского языка. Грамматика и варианты [М]. М.: Издательство «Наука», 1980: 197.

кручина / **В терему** *заповедном царевне моей?* (Н.Клюев. «В разлуке»)

Среди плюральных форм для обеспечения ритмической организации текста употребляются также два падежа – родительный и творительный. Так, в стихотворении В.Иванова «Аспекты» реализации пятистопного ямба способствует в том числе использование формы родительного падежа множественного числа *межей*, которая имеет разговорную стилистическую окраску[①], вместо нормативной формы *меж*: *В те дни, когда плясал в Париже Скиф / И прорицал, мятежным Вакхом болен, / Что нет* **межей**, *что хаос прав и волен*. В следующем фрагменте стихотворного текста с целью реализации трехстопного анапеста используется вариантная форма родительного падежа множественного числа *грамм*, тяготеющая к устной речи[②]: *И, присев в уголке за столом, / Мы опять повторим из былого: /* **Грамм** *по двести с тобой разопьем, / Почитаем стихи Гумилева,..* (Н.Моршен. «Если все-таки ты уцелел...») Интерес представляет и отрывок из стихотворения А.Твардовского «Гость»: *Но тот хвалился* **лошадями**, *хлебом, / Потом повел, показывая льны, / Да все мельком поглядывал на небо, / Темнеющее с южной стороны*. Как видим, здесь ритмическая инерция пятистопного ямба с пиррихием обеспечивается в том числе благодаря употреблению вариантной (разговорной) формы творительного падежа множественного числа *лошадями*[③] вместо нормативной *лошадьми*.

В создании ритмической организации стихотворного текста участвуют также вариантные формы, которые в современном русском языке являются

---

① Граудина Л.К. Вопросы нормализации русского языка. Грамматика и варианты [М]. М.: Издательство «Наука», 1980: 187.

② Граудина Л.К. Вопросы нормализации русского языка. Грамматика и варианты [М]. М.: Издательство «Наука», 1980: 181.

③ Шведова Н.Ю. Русская грамматика (Т. 1): Фонетика. Фонология. Ударение. Интонация. Словообразование. Морфология [М]. М.: Наука, 1982: 495.

устаревшими. Анализ нашего материала показывает, что среди форм единственного числа отмечены архаические формы именительного, дательного, предложного и звательного падежей. Так, в стихотворении С.Есенина «Перо не быльница...» для создания двустопного ямба использована устаревшая форма именительного падежа единственного числа *мати*: *Служи, чернильница, / Лесной канон. / О* **мати** *вечная, / Святой покров. / Любовь заречная – / Без слов.* В следующем примере употреблена архаическая форма дательного падежа единственного числа *дневи* с целью реализации ямбического стиха: *Довлеют* **дневи** */ И злоба и добро: / Который люб, / Тому и ставь тавро / На круп.* (Г.Оболдуев. «Поэзия, как акт...») Форма звательного падежа *сыне* наряду другими языковыми единицами участвует в ритмической организации хорея: *И мои степные рати / В правый бой благослови...» / Поп ему: «Послушай,* **сыне**! */ По степям копытный звон.* (Д.Самойлов. «Конец Пугачева»)

Бо́льшую активность, по сравнению с формами единственного числа, обнаруживают плюральные архаические формы. Так, в одном из произведений В.Хлебникова ритмическая организация стиха (трехстопный амфибрахий) обеспечивается в том числе за счет использования устаревшей формы родительного падежа множественного числа *другов*: *...Чтоб разом / Был освещен неясный разум, / И топот победы Сибири синих подков, / И дерзкая* **другов** *ватага.* («Синие оковы») В следующем примере для реализации ритма трехстопного анапеста употребляется архаическая форма дательного падежа множественного числа *деревам*: *Гулко дятел стучит по пустым /* **деревам**, *не стремясь достучаться.* (И.Бродский. «В горчичном лесу») В.Меркурьева использует устаревшую форму винительного падежа множественного числа *плеча* с предлогом *на*, что вполне соответствует ритму четырехстопного ямба①: *И все же нам одна и та же / Упала участь* **наплеча**: */ Обеим нам – стоять на страже / У заповедного ключа.* («М. М.Замятниной») Ритмическая инерция пятистопного ямба с пиррихиями в стихотворении Б.Поплавского «Дух музыки» формируется в том числе благодаря использованию архаической формы творительного падежа множественного числа *крылами*: *На зовы труб, над пропастью авгурной, / С* **крылами** *ярких флагов на плечах, / Прошли танцоры поступью бравурной, / Как блеск ракет, блуждающих в ночах.*

Согласно результатам нашего анализа, реже встречаются словоформы, представляющие собой отклонение от грамматической нормы. Так, в стихотворении «Леки», соответствующего метрической схеме четырехстопного ямба, употреблена ошибочная форма родительного падежа множественного числа *разов* (вместо словоформы *раз*): *Я говорил с самим собою /* **разов** *пожалуй тридцать пять.* (А.Гингер) В предлагаемом далее примере использована ошибочная форма родительного падежа множественного числа *мечт*. Употребление словоформы *мечт* мотивируется ритмической организацией стиха – пятистопного ямба с пиррихиями: *Уста горят блаженным вожделеньем. / От ярых* **мечт** *– пречистая ограда! – / избавлен я земли произволеньем.* (А.Гингер. «Лоно»)

3.5.3 Создание образности художественного текста

В рамках следующего аспекта проанализируем падежные формы с точки зрения создания образности художественного текста.

Согласно нашим наблюдениям, при формировании образности текста

---

① В данном контексте архаическая форма падежа употребляется также для создания рифмы.

наиболее часто применяются формы косвенных падежей: родительного (обычно без предлога), дательного и предложного падежей (обычно с предлогом), творительного (как с предлогом, так и без предлога).

Формы родительного падежа весьма часто используются в составе генитивной метафоры. Данный стилистический прием, с точки зрения В.П.Москвина, является метафорой, в которой опорное слово представлено существительным в форме родительного падежа.[1] О.И.Глазунова полагает, что структура генитивных метафор «в обязательном порядке включает в себя основной и вспомогательный субъекты». Генитивные метафоры «по формальным показателям сближаются с метафорическими приложениями и метафорической предикацией с существительным в именительном падеже в позиции предиката». «С помощью метафорических приложений и предикатов говорящий, как правило, дает общую характеристику предмета сообщения, тогда как в генитивных метафорических конструкциях он характеризуется по одному или нескольким из свойственных ему предикативных признаков».[2] По нашему мнению, намеренное сближение слов при создании генитивной метафоры наиболее часто происходит на основе ряда признаков. В некоторых случаях сближение слов обусловлено сходством денотатов по форме: *Кактус за дверью вздымается туго, /* **Лента дороги** *сбегает к крылечку.* (Саша Черный. «С детства люблю захолустные лавки...»); *Новая война из старой почвы родилась, /* **Серп луны** *искривленной дрожит, серебрясь, / И в пучине вселенского моря темно.* (О.Мандельштам. «Сводка») Встречаются случаи сочетания лексических единиц на основании сходства реалий по цвету: *Ты, кого созерцал Леонардо, / Опуская задумчиво*

① Москвин В.П. Выразительные средства современной русской речи. Тропы и фигуры. Терминологический словарь [M]. Ростов н/Д: Феникс, 2007: 193.

② Глазунова О.И. Логика метафорических преобразований [M]. СПб.: Питер, 2000: 155.

кисти, / И, в мечтах забываясь бессвязных, / Думал, как передать полотну / Это облако амбры и нарда, / Это ржавое **золото листьев**, */ Прелесть пальцев надменных и праздных / И улыбки твоей тишину.* (В.Иевлева. «Джиоконда»); *Мне нравится, что на ее муаре / Колышется* **дождинок серебро**, */ Что я нашел ее на тротуаре / И выброшу в помойное ведро.* (Г.Иванов. «Еще я нахожу очарованье...») Отмечены также случаи образного использования слов и их грамматических форм с учетом квантитативного признака (по признаку размера денотатов): *Все кончилось в его лукавой жизни, / Остались только воля, и обличье, / И нетерпенье, чтобы в* **море мрака** */ В нем победил прозревший человек.* (В.Луговской. «Первая свеча»); *Смех сквозь слезы, смех карающий, / Искры счастья,* **море слез**... */ Это все неумирающий / Федор Волков нам принес!* (Л.Трефолев. «На родине русского театра») Как видим, в первом из приведенных примеров в состав генитивной метафоры входят две языковые единицы: форма родительного падежа существительного *дорога* («полоса земли, предназначенная для передвижения, путь сообщения»[①]), которая выступает в качестве предмета сравнения, и лексема *лента* («узкая полоса ткани, по продольным краям закрепленная тонкой кромкой»[②]), являющаяся образом сравнения. Во фрагменте из стихотворения Г.Иванова «Еще я нахожу очарованье...» генитивная метафора реализуется за счет сближения двух словоформ:

---

① Ожегов С.И., Шведова Н.Ю. Толковый словарь русского языка: 80 000 слов и фразеологических выражений [М]. М.: ООО «А ТЕМП», 2007: 176.
Ожегов С.И. Толковый словарь русского языка: Ок. 100000 слов, терминов и фразеологических выражений [М]. М.: АСТ: Мир и Образование, 2014: 273.

② Ожегов С.И., Шведова Н.Ю. Толковый словарь русского языка: 80 000 слов и фразеологических выражений [М]. М.: ООО «А ТЕМП», 2007: 323.
Ожегов С.И. Толковый словарь русского языка: Ок. 100000 слов, терминов и фразеологических выражений [М]. М.: АСТ: Мир и Образование, 2014: 487.

формы родительного падежа множественного числа существительного *дождинка* («капля дождя»[①]), представляющего собой предмет сравнения, и формы именительного падежа единственного числа субстантива *серебро* («драгоценный блестящий металл серовато-белого цвета»[②]), который является образом сравнения.

В целях создания образности нередко употребляются формы творительного падежа, выступающего в качестве метаморфозы. Сравнивая метаморфозу со сходными образованиями, Н.Д.Арутюнова отмечает, что, например, «метафора, будучи средством характеризации объекта, всегда сохраняет ориентированность на него. Напротив, в творительном метаморфозы как бы исчезает основной субъект, сохраняется его оборотень». С точки зрения исследователя, «метафора выделяет сущностный, а следовательно, и постоянный признак объекта, между тем как сравнение и особенно метаморфоза обращают внимание скорее на преходящее подобие или эпизодическое «превращение»».[③] Определенную роль в структурировании метаморфозы играет и грамматическая форма существительного, так как образ сравнения представлен в форме творительного падежа. Приведем несколько фрагментов стихотворных текстов, в которых используется прием метаморфозы: *Зрачок горел* ***алмазом****, / И пук волос прилип / К сырому лбу.* (С.Городецкий. «Пришла

---

① Ожегов С.И., Шведова Н.Ю. Толковый словарь русского языка: 80 000 слов и фразеологических выражений [M]. M.: ООО «А ТЕМП», 2007: 171.

Ожегов С.И. Толковый словарь русского языка: Ок. 100000 слов, терминов и фразеологических выражений [M]. M.: АСТ: Мир и Образование, 2014: 266.

② Ожегов С.И., Шведова Н.Ю. Толковый словарь русского языка: 80 000 слов и фразеологических выражений [M]. M.: ООО «А ТЕМП», 2007: 713.

Ожегов С.И. Толковый словарь русского языка: Ок. 100000 слов, терминов и фразеологических выражений [M]. M.: АСТ: Мир и Образование, 2014: 1052-1053.

③ Арутюнова Н.Д. Метафора и дискурс [M] // Теория метафоры. M.: Прогресс, 1990: 29-30.

и постучалась...»); *Если б вы молились на меня, / Я стоялбы* **ангелом** *предвами, / Оприходе радостного дня / Говорил бы лучшими словами.* (К.Бальмонт. «Мститель»); *...И малые птицы на светлые нимбы похожи, / И тайным* **огнем** *поутру загорается зорька…* (В.Блаженный. «Уже я так стар, что меня узнают на кладбище...»); *...и тусклым* **изумрудом** */ В серебряной Неве отражена, / Мерцает петербургская луна.* (М.Вега. «Петербург») Так, в первом примере образность текста создается за счет употребления формы творительного падежа *алмазом*. Основанием для сближения двух лексем *зрачок* и *алмаз*, выступающих в качестве предмета и образа сравнения, является их сходство с точки зрения блеска, сияния (или, иначе, по способности к преломлению лучей света). В последнем фрагменте текста сближение лексем (*луна* и *изумруд*) основывается на сходстве их денотатов по способности к преломлению лучей света и по цветовой окраске.

Анализ нашей картотеки показывает, что для усиления образности текста встречается повтор некоторых косвенных падежей, которые вместе с предлогами чаще всего выражают обстоятельственное пространственное значение. Так, в следующих примерах используются формы дательного падежа с предлогом *по*: *Он ходил* **по городам, по селам**, / **По** *глухим проселочным* **дорогам**, / **По** *лесным* **тропам**, **по** *мшистым* **логам**, */ Голым* **пашням**, **пажитям** *веселым.* (М.Волошин. «Святой Серафим»); *А там – /* **По дорогам**, / **По рельсам**, / **По рекам** */ К нам: / Вприпрыжку пыль, / Ползком туман.* (А.Мариенгоф. «Ветра марш»); *Волны кинулись в погоню, / Заблестел огонь вдали, / Не с гитарой, не с гармонью, / А с баяном парни шли, – / Звонким тысячным баяном, / Золотым, обыгранным, /* **По улицам, по полянам**, / **По** *зеленым* **выгонам**. (П.Васильев. «Расставанье с милой») В предлагаемых далее примерах представлен повтор форм творительного падежа с предлогом *над*: *По небу Илья проедется, / Покропит, где пусто* *и голо, / А над всеми – /* **Над полями** */ И* **над лесами***, /* **Над** *покосившимися* **крестами***, / Глубже рек и превыше гор / Сияет Большая Медведица, / Смотрит за русской землею…* (В.Лебедев. «Сказ о большой медведице»); *Льется песня, звеня, простая /* **над полями***, /* **лесами***, /* **водой***, / чтобы наша одна шестая / стала целою, / молодой.* (Б.Корнилов. «Молодой день»); **Над полями***,* **лесами***,* **болотами***, /* **Над извивами** *северных рек / Ты проносишься плавными взлетами, / Небожитель – герой – человек.* (В.Ходасевич. «Авиатору») Обнаружены также случаи употребления форм предложного падежа с предлогом *на*: *И* **на лестничках***,* **на барьерчиках***, /* **На уступах** *беседки,* **на крышах** */ Целые зверинцы кошек / Дымчатых, черных, белых, / Оранжевых и трехцветных.* (И.Сельвинский. «Дворик»); *Таких рисунков было много сотен /* **На дереве** *ворот и подворотен, /* **На стенах** *и* **карнизах***,* **на заборах***, /* **На** *тех* **домах***, что вечно на запорах, /* **На** *тех* **домах***, и нет уже которых…* (Л.Мартынов. «Северная сказка»); *Забывши хозяев недавних, / Весь дом одряхлел и заглох, /* **На стенах***,* **на крышах***,* **на ставнях** */ Уже пробивается мох.* (Д.Кедрин. «Природа») Так, в последнем стихотворении Д.Кедрин использует несколько существительных в предложном падеже с предлогом *на.* Такое употребление ряда субстантивов, относящихся к дескриптивной лексике, позволяет автору усилить образность описания и в наглядной форме отразить основную идею стихотворения, заключенную в его последних строках: «Как быстро следы человека стирает природы рука!».

3.5.4 Формирование композиционной организации

Изучение эстетических ресурсов категории падежа было бы неполным без анализа стилистических приемов, в составе которых актуализируется грамматический признак падежа существительных. Анализ текстового материала показал, что падежные формы существительных могут использоваться в качестве 14 стилистических приемов: амплификации, амфитезы, анафоры, антанаклазы, генитивной метафоры, гомеоптотона, именительного темы, метаморфозы, полиптота, риторического обращения, рифмы, солецизма, хиазма, эхо-рифмы (см. Приложение 2). Проанализируем использование падежных форм в составе некоторых обозначенных приемов.

Амфитеза. Этот прием относится к группе фигур контраста и используется для описания целого путем указания на его крайние точки.① Так, в предлагаемых далее примерах амфитеза реализуется благодаря употреблению форм родительного падежа разных существительных с предлогами *от* и *до*: *Ведь с Вами связаны жестоко / людей ушедших имена: /* **от императора до Блока**, */* **от Пушкина до Кузмина**. (Я.Смеляков. «Анна Ахматова»); *Вырабатывалась мораль / в том же самом цеху: ширпотреба, / и какая далекая даль / пролегала* **от цеха до неба**! (Б.Слуцкий. «Вырабатывалась мораль...»); *И самые обычные слова / становятся необычайны, / когда подхватывает их Москва /* **от радиовещания до чайной**. (Б.Слуцкий. «Россия увеличивала нас...») В более редких случаях используются формы родительного падежа одного и того же существительного, например, слова *край*: *...И мое это небо* **от края до края**, */ И закатов багрянец, и зорь позолота.* (В.Блаженный. «Я по-прежнему та неприметная птаха...»)

Анафора. Она представляет собой повтор начальной части речевых единиц. В основе анафоры может лежать единица любого из языковых уровней: звук или звукосочетание, морфема, слово, словосочетание, фраза, синтаксическая конструкция②. Согласно результатам нашего анализа, в

① Москвин В.П. Выразительные средства современной русской речи. Тропы и фигуры. Терминологический словарь [M]. Ростов н/Д: Феникс, 2007: 106.

② Москвин В.П. Выразительные средства современной русской речи. Тропы и фигуры. Терминологический словарь [M]. Ростов н/Д: Феникс, 2007: 114.

качестве анафоры используются все падежные формы с предлогом или без предлога. Именительный падеж: *Хоть где-то, где-то, чуть маяча, / Томит им души до беды /* **Москва** *– мечта, /* **Москва** *– задача, /* **Москва** *– награда за труды.* (А.Твардовский. «Москва в пути»); *Прогулки в ботаническом саду, / возлюбленного пение в аду, / возлюбленного пение сквозь сон, – / два голоса, звучащих в унисон, / органный замирающий свинец, / венчальные цветы, всему венец, /* **душа** *твоя прекрасна и тиха, /* **душа** *твоя не ведает греха, /* **душа** *твоя по-прежнему в пути, / по-прежнему с любовью во плоти.* (И.Бродский. «В Сочельник я был зван на пироги...») Родительный падеж: *В ста верстахот столицывсех надежд, /* **от гостиниц** *«Украина», «Будапешт», /* **от кафе** *молодежных, /* **от дружинников** *надежных, /* **от** *посольских* **лимузинов**, */* **от** *валютных* **магазинов**, */* **от** *ужасно серьезных* **министерств**, */ <...> /* **от** *«Вечеркиных»* **кроссвордов**, */* **от вытья***: «Судью на мыло!», /* **от конгрессов** *ради мира, /* **от гастролей** *«Айс-ревю» / тихо-тихо, как в раю.* (Е.Евтушенко. «В ста верстах»); **От тресков**, *зовущихся: речь, /* **От лака** *голов,* **ваты** *плеч, /* **От отроков** *– листьев новых / Не видящих из-за листовок...* (М.Цветаева. «Деревья») Дательный падеж: *Как лунатик /* **Благодаря луне**, */ Как укротитель /* **Благодаря львам**, */ Как волнорез /* **Благодаря волне** *– / Вы существуете / Благодаря мне, / Я – благодаря вам!* (Л.Мартынов. «Это...»); *Его безжалостно мотало /* **по городам** *и* **городкам**, */* **по клубам** *и концертным* **залам**, */* **по** *эмигрантским* **кабакам**. (Я.Смеляков. «Пьеро») Винительный падеж: *Долбят пещерным ломом /* **Сквозь храм** *седьмого века, /* **Сквозь черепицу** *крыши, /* **Сквозь череп** человека. (К.Симонов. «Бомбежка по площадям»); *Все земляки, все трудная Россия, / Глядевшая с тяжелым удивленьем /* **На балерин** *в юбчонках белостокских, /* **На** *старого* **ученого** *с кошелкой, /* **На** *неумело хитрую* **торговлю**, */* **На** *мудрые, в больших залысьях* **лбы**. (В.Луговской.

«Первая свеча») Творительный падеж: *Простучит. / Задыхаясь. Воя. / Расшатавшийся. Кривой. /* **Между звездами** *и* **землею**, */* **между осенью** *и* **зимою**, */* **между Горловкой** *и* **Москвой**. (Я.Смеляков. «Прощанье»); *Вился высоко на просторе /* **Над бездной** *железных веков, /* **Над пеной** *любовных историй, /* **Над спинами** *спящих быков…*(Ю.Кузнецов. «Европа») Предложный падеж: *Мы выйдем без цветов, /* **в** *помятых* **касках**, */* **в** *тяжелых* **ватниках**, */* **в** *промерзших* **полумасках**… (О.Берггольц. «Я никогда героем не была...») При этом наиболее часто употребляются формы винительного падежа с предлогом *за*. Например: *А надо бы сказать спасибо: /* **За кринку** *молока парного, /* **За** *черную* **ковригу** *хлеба, /* **За небо** *с кромкою лиловой, / <...> /* **За** *двух небоязливых* **галок**, */ <...> /* **За ветки** *в глиняном кувшине, /* **За ветер**, *веявший с востока, /* **За вкус** *черники темно-синей, /* **За связки** *чеснока и лука…* (И.Чиннов. «А надо бы сказать спасибо...»); *Я предлагаю тост /* **За мост** */* **За мост** */ Крымский /* **За мост** */ Москворецкий /* **За мост** */ Бруклинский /* **За мост** */ Через канал Суэцкий /* **За мост** */ Который / Разъединяет реки / Соединяет горы /* **За мост** */ Соединяющий / Суши /* **За мост** */ Разъединяющий / Души /* **За Мост** */ Тост*[1] (И.Холин. «Тост»); *Давайте поблагодарим /* **За** *светлый* **дождь** *и легкий* **ветер**, */* **За парус**, *уходящий в Крым, /* **За силуэт** *на минарете, / <...> /* **За** *бледный над горами* **дым**, */* **За дворик**, *где играли дети, /* **За** *смуглое* **тепло**, *Карим, / Руки в серебряном браслете, / <...> /* **За розы** *– «только нам двоим» – /* **За ящериц** *на парапете, / За то, что мы живем на свете, / Давайте поблагодарим.* (И.Чиннов. «Давайте поблагодарим...»); *Я поднимаю огневой стакан, / Наполненный ребристой русской водкой, /* **За** *нашу* **землю**, *крапленную кровью, /* **За землю** *тучеходных корпусов, /* **За гром** *и* **свет**, **за** *русский мягкий* **волос**, */* **За мертвецов** *от севера до юга, /*

[1] В приводимом отрывке сохранена пунктуация автора.

За горе *горькое и* **за туман** *вечерний, /* **За лопухи** *и* **посвист** *богатырский, /* **За** *всю* **сумятицу**, **неразбериху**, */ Да будет имя им – Российская земля!* (В.Луговской. «Когда я был зеленым лопухом»)

Гомеоптотон.[1] Приведем один из примеров нашей картотеки: *Порядок поротых и гнутых, / в час***ах**, *секунд***ах** *и минут***ах**, */ в год***ах** *– везде большой порядок.* (Б.Слуцкий. «Июнь был зноен. Январь был зябок...») В этом стихотворном отрывке слова *час, секунда, минута, год* (в сочетании с предлогом *в*) употреблены в форме предложного падежа множественного числа, благодаря чему наблюдается повтор окончания *-ах*. Обратимся к другому примеру: *И висят город***ами** *украденными, / Золотыми обмолвк***ами**, *ябед***ами**, */ Ядовитого холода ягод***ами** *– / Растяжимых созвездий шатры, / Золотые созвездий жиры...* (О.Мандельштам. «Стихи о неизвестном солдате») В поэтическом тексте слова *город, обмолвка, ябеда, ягода* использованы в творительном падеже множественного числа. Как видим, применение гомеоптотона не только способствует реализации авторского замысла, но и усиливает ритмическую организацию поэтического текста, а также его звуковую выразительность.

Метаморфоза[2]. Контексты, в которых используется названный прием, довольно многочисленны. Приведем пример метаморфозы, в составе которой реализуются в том числе и эстетические потенции грамматического падежа существительных: *Катьку-дуру обнимает, / Заговаривает... / Запрокинулась лицом, / Зубки блещут* **жемчугом**... */ Ах ты, Катя, моя Катя, / Толстоморденькая...* (А.Блок. Поэма «Двенадцать») В данном фрагменте стихотворного текста автор сравнивает зубы с

---

① Определение гомеоптотона дано на с. 111.

② Определение данного стилистического приема приведено на с. 161.

жемчугом, при этом образ сравнения выражен формой творительного падежа существительного *жемчуг*. В следующем примере метаморфоза представлена формой творительного падежа существительного *хозяйка*, что позволяет создать яркий образ зимы: *Осень, в шубу желтую одета, / По лесам с метелкою прошлась, / Чтоб вошла рачительной* **хозяйкой** */ В смежные лесные терема / Щеголиха в белой разлетайке – / Русская румяная зима!* (Д.Кедрин. «Скинуло кафтан зеленый лето...») В одном из своих стихотворений Б.Слуцкий выражает свое отношение к судьбе, изображая ее то орлом, то ханом: *Она чарует и сверлит, / она – как маленький завод / то стареньким* **орлом** *орлит, / то шумным* **ханом** *– государит.* («Судьба») Случаи использования творительного падежа в качестве метаморфозы очень распространены и встречаются в произведениях разных жанров и литературных направлений: *Тут уж, конь мой, только гривой полыхай, /* **Птицей-птахою** *над полем пролетай!* (И.Сельвинский. «Песня 72-й кубанской казачьей дивизии»); *В небе – дыра! /* **Сахаром** *колотым / хлещет буран.* (С.Кирсанов. «Холодно. Холодно!..»); *Мерцает* **черным золотом** *аллея, / весь парк усыпан влажными тенями, / и все, как сон, и предо мною фея / лукавая…* (Эллис. «В парке»); *Горел семафор в полутьме* **изумрудом**, */ И сталью блестели пути / И, в даль убегая заманчивым чудом, / Манили куда-то уйти…* (И.Лесная. «Степные зеркала»); *Дул ветер.* **Серебром** *ходила Волги гладь. / И вдруг могучее гуденье теплохода / Весь берег потрясло.* (В.Рождественский. «В шлюзах»)

Полиптот. Этот прием понимается как повторение слова в разных грамматических формах.[①] Так, сложный, многомерный образ создает К.Бальмонт за счет использования существительного *Сладим-река* во всех

① Москвин В.П. Выразительные средства современной русской речи. Тропы и фигуры. Терминологический словарь [М]. Ростов н/Д: Феникс, 2007: 566.

падежных формах, кроме родительного: *Радуйся – Сладим-***Река***, Сладим-***Река** *течет, / Радуйся – в Сладим-***Реке,** *в Сладим-***Реке** *есть мед, / Радуйся – к Сладим-***Реке***, к Сладим-***Реке** *прильнем, / Радуйся – с Сладим-***Рекой** *мы в рай, мы в рай войдем, / Радуйся – Сладим-***Река** *поит и кормит всех, / Радуйся – Сладим-***Река** *смывает всякий грех, / Радуйся – в Сладим-***Реке** *вещанье для души, / Радуйся – к Сладим-***Реке***, к Сладим-***Реке** *спеши, / Радуйся – Сладим-***Река***, Сладим-***Река** *есть рай, / Радуйся – в Сладим-***Реке** *Сладим-***Реку** *вбирай, / Радуйся – Сладим-***Река***, Сладим-***Река** *есть мед, / Радуйся – Сладим-***Река***, Сладим-***Река** *зовет.* («Радуйся») С.Щервинский, употребляя вместе с предлогами плюральные формы винительного, предложного и родительного падежей существительного *камень* живо, наглядно передает движение водных струй, что является одним из средств создания художественного образа фонтана: *Плески, выплески, блестки и блески, /* **Через камни**, **в камнях**, **из камней***, / Брызги, дребезги, всплески и плески / В ноги женщин, в ноздри коней.* («Фонтан треви») Интересен и другой пример. В одном из своих стихотворений Я.Аким дает поэтическое описание фрагмента урока: *В рощах птичье пение, / В классе – тишина. / Проходим мы склонение, / Склоняется «***весна***». / Склоняем вслух: «***Весна, весны***...» / А за окном ручьи слышны. / На парте не сидится мне, / А тут «***весна, весны, весне***». / Под крышей носятся стрижи, / Смеются надо мною – / У них не спросят падежи: «***Весна, весны, весною***». / Внизу разноголосица: / «А ну пробей! На спор!» / Под партой ноги просятся / К болельщикам, во двор. / «Пришла* **весна***, / Дождись* **весны***. / (Дождался, листики видны!) / Привет* **весне***, / Встречай* **весну***. / (Куда ж я руку протяну?) /* **Весна, весны, весне, весну***, /* **Весною***, о* **весне***...» / Гуляет зайчик по окну, / Как солнце на блесне, / По стене слоняется, / Ничем не заслоняется. /* **Весна***. Вот это – слово, / Весело склоняется!*

(«Весна, весною, о весне») Использование существительного *весна* во всех падежных формах (вместе с другими языковыми средствами) позволяет очень живо представить процесс изучения темы «Склонение», а также передает умонастроения лирического героя, «весеннюю» атмосферу урока. В следующем фрагменте текста прием полиптота реализуется благодаря использованию топонима *Одесса* в форме именительного, винительного и предложного падежей: **Одесса** / *Южная окраина* / *России* / **Одесса** / *Жаждущая Мессии* / **Одесса** / *Город шарлатанов* / *Писателей* / *Иуркаганов* / *Вспоминая* / **Одессу** / *Вспоминаю эстакады* / *Кричащего порта* / *В воспоминаниях* / **Одесса** / *Кусок* / *Недоеденного торта* / *Думая* / *Об* **Одессе** / *Думаю о запахе* / *Вина* / *И плесени* / *Думая* / *Об* **Одессе** / *Думаю о тебе* / *Затерявшейся* / *В человеческом месиве* / **Одесса** / *Где твои молдаванки* / **Одесса** / *Напоминающая по цвету* / *Давно не стиранные* / *Портянки* / **Одесса** / *Звучащая для меня* / *Как месса* / **Одесса** / *Город* / *В котором* / *Я никогда не бывал* (И.Холин. «Одесса...»)

Хиазм. Сущность данного приема составляет повтор двух речевых компонентов, сопровождаемый инверсией.① По мнению С.Е.Никитиной и Н.В.Васильевой, хиазм является антитезой с двойным лексическим повтором в виде перекрестного расположения параллельных членов в двух смежных словосочетаниях или предложениях.② Прием хиазма представлен в следующих примерах нашей картотеки: *Как много вещей хотел бы я нарисовать – / И* **маму**, *розовощекую, как* **кукла**, */ И* **куклу**, *печальную, как* **мама**. (В.Блаженный. «Всегда был наперсником смерти...»); *Судьба, понятно, не причина, / Но эта даль всего верней /* **Сибирь с Москвой**

① Москвин В.П. Выразительные средства современной русской речи. Тропы и фигуры. Терминологический словарь [М]. Ростов н/Д: Феникс, 2007: 804.

② Никитина С.Е., Васильева Н.В. Экспериментальный системный толковый словарь стилистических терминов [М]. М.: Рос. акад. наук, Ин-т языкознания, 1996: 143-144.

сличать учила, / **Москву с Сибирью** *наших дней.* (А.Твардовский. «К концу дороги»); *Таким может быть только дым, / Когда, освещенный подземной луной, / Он спит над земной глубиной, / И* **небо** *в* **Неве**, *и* **Нева** *в* **небесах** */ Купаются, как в зеркалах, – / Что кануло в воду, – встает из нее, – / У них освещенье свое!* (М.Вега. «Музыка молчанья»); *Полон стакан, / Пуст стакан. / Гомон гитарный, луна и грязь. / Вправо и влево качнулся стан. /* **Князем–цыган**! / **Цыганом–князь**! */ Эй, господин, берегись, – жжет! / Это цыганская свадьба пьет!* (М.Цветаева. «Цыганская свадьба») Так, в первом из приведенных примеров хиазм создается благодаря перекрестному употреблению существительных (*мама* и *кукла*) в винительном и именительном падежах. При этом происходит варьирование падежных форм предметных лексем, что усиливает такие свойства текста, как эвфония и экспрессивность.

Эхо-рифма.[①] По нашему мнению, эхо-рифма, рассматриваемая в контексте проблемы эстетики морфологической категории падежа, реализуется двумя способами.

Во-первых, используются вариантные падежные формы, ориентированные на определенную сферу общения и имеющие стилистическую помету *разг.*, *поэт.*, и т.п. Приведем в качестве примера фрагмент текста, в котором употреблена вариантная форма родительного падежа единственного числа существительного *снег*: *В ранний час, в мою теплую* **негу** */ Долетают с мороза слова, – / Вон, на дворик, распухший от* **снегу**, */ Привезли из деревни дрова.* (П.Сухотин. «В ранний час, в мою теплую негу...») Нередко используется вариантная форма творительного падежа единственного числа существительного *судьба*: *Я – зримый – зеркало*

① Определение эхо-рифмы дано на с. 115.

стремлений, / Гранимый призраком алмаз / Пересеченных преломлений: / Мигнув, отбрасываюсь – в вас, / Какпереполненный **судьбою** */ На вас возложенный венец: / Созрею, отдаваясь* **бою** */ Родимых, греющих сердец.* (А.Белый. «Первое свидание») В приводимом далее фрагменте текста употреблена форма предложного падежа существительного *сад*: – *Как мы были, пели в тихом* **саде**, */ Парень с молодицей, / Поливали рано по* **росаде** */ Ключевой водицей.* (С.Клычков. « –Как мы были, пели в тихом саде...»)

Во-вторых, прием эхо-рифмы достигается благодаря использованию архаических падежных форм. Так, в следующем примере представлена устаревшая форма звательного падежа единственного числа существительного *человек*: *Гляди-ка,* **человече**, */ чуденький человечина, / как луга кипучее* **вече** */ на все лады расцвечено, / как луга море сухое / июлем взбаламучено / и лето слепо-глухое / перечерчено и измучено.* (С.Петров. «Гляди-ка, человече...») Используются и архаические формы родительного падежа множественного числа: *Я под выкрики метели, / Шорох снежных* **крыл** */ Молча встал с моей постели,/ Двери* **приоткрыл**. (П.Потемкин. «Этой ночью кот мяукал...»); *Медведицы жертвенный* **рев**, */ на лапах качавшейся задних, / когда выступал медвежатник / из мрака безмолвных* **дерев**. (Н.Асеев. «Дед») Встречаются формы дательного падежа множественного числа: *Я не видел, не увижу Ваших слез, / не услышу я шуршания колес, / уносящих Вас к заливу, к* **деревам**, */ по отечеству без памятника* **Вам**. (И.Бродский. «Закричат и захлопочут петухи...»)

Исследование языкового материала показало, что наиболее употребительными среди выделенных нами стилистических приемов, в составе которых употребляются падежные формы существительных, являются следующие: амплификация, амфитеза, анафора, генитивная метафора, гомеоптотон, метаморфоза, рифма и эхо-рифма.

Для получения более полной картины представлений о функционировании грамматических форм падежа и числа существительных в стихотворных произведениях необходимо сравнить полученные данные. Подсчеты свидетельствуют о том, что наиболее объемным по количеству является тот пласт иллюстративного материала, в котором грамматические формы числа и падежа используются с целью версификации стихотворного произведения (39,82% случаев употребления) и как способ композиционной организации текста (37,57%), что отражено в Табл. 2.

Табл. 2 Количественный анализ грамматических единиц с учетом аспекта исследования

Аспект исследования	Количество использованных форм числа и падежа существительных	Процентное соотношение
1. Отражение категорий возвышенного и комического	238	9,95%
2. Реализация специфики стихотворной формы речи	953	39,82%
3. Формирование образности	303	12,66%
4. Участие в композиционном построении текста	899	37,57%

Следует отметить, что общее количество падежных форм (1150 примеров), реализующих эстетическую функцию, незначительно превышает количество грамматических форм числа (1075), выступающих в аналогичной функции. Поэтому целесообразно проводить сравнение количественных данных по каждому из четырех направлений (или аспектов) исследования. Анализ примеров с использованием количественного метода показал, что при отражении возвышенного и комического более активно реализуются эстетические возможности категории числа существительных: 152 формы числа (6,36% от общего количества грамматических единиц) и 86 падежных форм (3,59%). Что касается частотности грамматических единиц, рассматриваемых в рамках остальных трех аспектов исследования, то заметно превалирование падежных форм. Так, с целью формирования образности текста используется 198 падежных форм (8,27%), тогда как формы числа употребляются в 105 случаях (4,39%). В качестве средств версификации функционирует 570 падежных форм (23,82%), в то время как формы единственного и множественного числа представлены в 383 контекстах (16,00% случаев). Имея в виду последний аспект анализа, следует сказать, что с точки зрения композиционного построения текста отмечены 464 падежные формы (19,39%) и 435 грамматических единиц, выражающих количество предметов, или 18,18%. (см. Табл. 3).

Табл. 3 Сравнительный анализ форм числа и падежа существительных

Аспект анализа	Данные по использованию			
	форм числа		падежных форм	
	количество примеров	процентное соотношение	количество примеров	процентное соотношение
1. Отражение эстетических категорий: а) возвышенного б) комического	152 132 20	6,36% 5,52% 0,84%	86 74 12	3,59% 3,09% 0,50%
2. Воплощение особенностей стихотворной речи	383	16,00%	570	23,82%
3. Создание образности	105	4,39%	198	8,27%
4. Участие в композиционной организации текста	435	18,18%	464	19,39%

Интерес представляет анализ частотности употребления грамматических форм падежа и числа существительных с хронологической точки зрения. Изучение нашей картотеки свидетельствует о том, что эстетические ресурсы рассматриваемых словоформ наиболее активно реализуются в стихотворных произведениях первой половины XX века. Причем наибольшее количество примеров приходится на период с 1911 по 1930 гг. Количество иллюстративного материала по данному периоду охватывает более 50% всех собранных примеров (см. Рис.6).

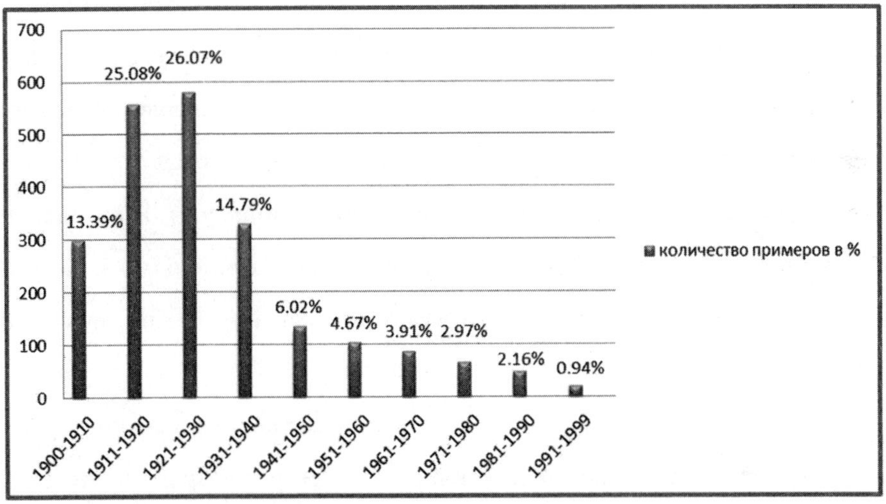

Рис.6 Хронологическая характеристика использования словоформ числа и падежа

Выводы

В процессе изучения категории падежа существительных и ее эстетического потенциала были сделаны следующие выводы.

Падеж субстантивов является весьма перспективным объектом исследования в области грамматической теории и стилистики. С нашей точки зрения, при анализе ряда ключевых вопросов целесообразно следовать позиции тех ученых, которые считают, что падеж существительных – это категория словоизменительная, семантическая (которая обладает также структурной значимостью), облигаторная, морфолого-синтаксического характера. Как и многие современные грамматисты, мы полагаем, что к числу основных значений падежных форм следует отнести объектное, субъектное, определительное и обстоятельственное значения, которые формируются на основе их синтаксических функций в речи.

С точки зрения описания эстетических возможностей категории падежа для нас было важно вначале рассмотреть те предпосылки, которые способствуют использованию падежных форм как эстетически значимых элементов поэтического текста. Изучение языкового материала позволило определить, что к таким предпосылкам относятся следующие: 1) существование в языке вариантных падежных форм; 2) неполнота падежной парадигмы ряда субстантивов; 3) наличие несклоняемых существительных; 4) повтор одной и той же падежной формы, образуемой от разных субстантивов; 5) употребление разных падежных форм одного и того же слова; 6) обыгрывание семантики падежной или предложно-падежной формы существительного.

Анализ падежных форм проводился по нескольким аспектам: в связи с отражением определенной эстетической категории, закономерностями версификации, формированием образности, композиционной организацией текста, а именно функционированием грамматических единиц в качестве стилистических приемов.

Проведенное исследование показало, что с целью отражении категории возвышенного наиболее часто используются: архаические и вариантные падежные формы, свойственные книжной речи. С целью создания комического эффекта возможно обыгрывание семантики падежной или предложно-падежной формы существительных и употребление одного и того же субстантива в разных падежных формах.

При анализе падежных форм как средств версификации рассматривалась их роль в создании концевых созвучий и ритмической инерции текста.

В этом плане была установлена активность вариантных форм, а также грамматических единиц, представляющих собой отклонение от нормы.

С целью создания образности текста наиболее часто используются формы косвенных падежей: родительного (обычно без предлога), дательного и предложного падежей (обычно с предлогом), творительного (как с предлогом, так и без предлога).

В плане композиционной организации стихотворного текста падежные формы существительных используются в составе 14 стилистических приемов, а именно амплификации, амфитезы, анафоры, антанаклазы, генитивной метафоры, гомеоптотона, именительного темы, метаморфозы, полиптота, риторического обращения, рифмы, солецизма, хиазма, эхо-рифмы. Наиболее частотными среди них являются амплификация, амфитеза, анафора, генитивная метафора, гомеоптотон, метаморфоза, рифма и эхо-рифма.

Важное значение при изучении эстетических ресурсов морфологических категорий имеет сравнение частотности употребления словоформ в стихотворных произведениях. Анализ собранных примеров свидетельствует о том, что наиболее значительная часть грамматических форм числа и падежа используется с целью версификации стихотворного произведения (39,82% случаев употребления) и как способ композиционной организации текста (37,57%). Сравнение эстетических ресурсов категорий падежа и числа показывает, что с точки зрения отражения возвышенного и комического более активно реализуются стилистические возможности категории числа существительных (6,36% от общего количества словоформ). Если иметь в виду частотность грамматических единиц, рассматриваемых в рамках остальных трех аспектов исследования, то следует отметить превалирование падежных форм (51,48%). Изучение материалов картотеки позволяет сделать вывод о том, что грамматические формы числа и падежа существительных при решении определенной художественно-эстетической задачи наиболее активно используются в стихотворных произведениях первой половины XX века. При этом наибольшее количество примеров (более 50% словоформ) приходится на период с 1911 по 1930 гг.

ЗАКЛЮЧЕНИЕ

Исследование эстетических ресурсов категорий числа и падежа русских субстантивов позволило сделать следующие выводы.

1. В результате анализа лингвистических работ по проблеме эстетики языковых единиц, в том числе грамматических форм числа и падежа существительных, были определены исходные теоретические позиции. Основу нашего исследования составил широкий подход к пониманию эстетических возможностей языковых средств. В рамках обозначенного подхода наиболее целесообразной является трактовка эстетических возможностей языковых единиц, которая ориентирована на концепцию эстетического. С помощью метакатегории эстетического обозначается особый опыт человека, основу которого составляет специфическая система неутилитарных взаимоотношений субъекта и объекта, в результате чего субъект получает духовное наслаждение. Эстетическими ресурсами обладают те языковые единицы, которые способны оказывать эстетическое воздействие на человека. Эстетические свойства языковых единиц могут проявляться в разных сферах речевой деятельности. Но наиболее полно они реализуются в сфере художественной речи. Сущность эстетического воздействия языковых единиц как элементов текста литературного произведения состоит в том, что читатель получает духовное наслаждение. Основу такого духовного наслаждения составляет эстетическое удовольствие.

2. Знакомство с научной литературой по теории морфологических категорий позволило определить основополагающие труды по описанию грамматического числа и падежа существительных. Опираясь на теоретические положения, имеющиеся в работах А.В.Бондарко и Г.И.Пановой, мы полагаем, что число существительных – это категория семантическая, обладающая также структурной значимостью, отражательная, облигаторная, словоизменительная. В содержательном плане категория числа существительных предназначена для выражения количества предметов. Падеж существительных характеризуется в качестве категории словоизменительной, семантической (имеющей также структурную значимость), облигаторной, морфолого-синтаксического характера. Значения падежей формируются на основе их синтаксических функций в речи, представляя собой абстракции от данных синтаксических функций. Мы, следуя позиции Н.Ю.Шведовой и Г.И.Пановой, выделяем следующие основные, наиболее обобщенные падежные значения: объектное, субъектное, определительное и обстоятельственное.

3. В ходе исследования выявлено, что наибольшую перспективность составляет изучение эстетических возможностей падежа и числа существительных в рамках тех направлений, или аспектов, которые предполагают анализ взаимосвязи этих грамматических объектов с эстетическими категориями (возвышенного и комического), особенностями стихотворной речи, формированием образности текста и композиционной организацией литературного произведения.

4. Определены предпосылки, способствующие реализации эстетических потенций категории числа. К числу таких предпосылок относятся: 1) особенности ее семантики; 2) отсутствие универсального (стандартного) аффикса, выражающего значение множественного числа; 3) наличие существительных,

имеющих неполную парадигму категории числа; 4) вариантность форм множественного числа, характерная для ряда существительных; 5) наличие в русском языке таких полисемантов, числовая парадигма которых обнаруживает тесное взаимодействие двух типов значений – лексического и морфологического значения числа; 6) звуковое подобие (полное или неполное) форм числа существительных, имеющих разные лексические значения.

5. Установлено, что актуализации эстетических возможностей категории падежа способствуют следующие предпосылки: 1) существование в языке вариантных падежных форм; 2) неполнота падежной парадигмы определенного субстантива; 3) наличие несклоняемых существительных; 4) повтор одной и той же падежной формы, образуемой от разных субстантивов; 5) употребление разных падежных форм одного и того же слова; 6) обыгрывание семантики падежной или предложно-падежной формы существительного.

6. Осуществлен анализ грамматических форм числа как эстетически значимых элементов поэтического текста. Результаты исследования показывают, что при реализации эстетического потенциала категории числа наиболее часто используются:

– формы единственного числа с обобщенно-собирательным значением для передачи патетики возвышенного и формирования образности текста;
– вариантные формы множественного числа с целью отражения возвышенных явлений и версификации стихотворного текста;
– словоформы, представляющие собой отклонение от грамматической нормы, для создания комической реакции и как средство версификации.

Определен эстетический потенциал категории числа в аспекте

композиционной организации текста. Установлено, что эстетические возможности грамматических форм числа существительных реализуются при их функционировании в качестве 13 стилистических приемов: аллеотеты, амплификации, антанаклазы, антитезы, гиперболы, гомеоптотона, каламбура, метонимии, прономинации, рифмы, синекдохи, солецизма, эхо-рифмы. При этом чаще встречаются такие приемы, как амплификация, гомеоптотон, прономинация, рифма и синекдоха.

Проведен анализ падежных форм существительных в контексте рассматриваемой проблемы. Выявлено, что с целью актуализации эстетических ресурсов категории падежа наиболее часто употребляются:

- вариантные формы существительных, используемые для отражения возвышенных явлений и версификации поэтического текста;
- падежные формы, представляющие собой отклонение от грамматической нормы, с целью версификации;
- косвенные падежные формы субстантивов (а именно формы родительного, дательного, творительного и предложного падежей), усиливающие образность текста;
- повтор одного и того же существительного в разных падежных формах, используемых для создания комической реакции.

Как показывают результаты анализа грамматических форм падежа с точки зрения композиционной организации текста, эстетические ресурсы этих языковых единиц реализуются в процессе их использования в качестве 14 стилистических приемов (амплификации, амфитезы, анафоры, антанаклазы, генитивной метафоры, гомеоптотона, именительного темы, метаморфозы, полиптота, риторического обращения, рифмы, солецизма, хиазма, эхо-рифмы). К наиболее часто встречающимся приемам относятся: амплификация, амфитеза, анафора, генитивная метафора, гомеоптотон, метаморфоза, рифма и эхо-рифма.

7. Использование количественного метода исследования позволило установить, что грамматические формы падежа и числа существительных в плане реализации их эстетического потенциала наиболее активно употребляются в стихотворных произведениях первой половины XX века. При этом более 50% словоформ приходится на период с 1911 по 1930 гг. Наиболее значительная часть всех примеров картотеки (77,39%) используется как средство версификации стихотворного произведения и как способ композиционного построения текста.

Сравнительный анализ эстетических ресурсов двух морфологических категорий дает основания для следующих обобщений. Изучение языкового материала в соответствии с первым аспектом анализа – отражением возвышенного и комического – выявило довольно небольшую группу примеров, в которых употребляются рассматриваемые грамматические формы (9,95%). При этом следует отметить активность форм числа, в отличие от падежных форм (соответственно 6,36% и 3,59%). Самый объемный корпус примеров связан с функционированием анализируемых единиц в рамках остальных трех аспектов исследования (90,05%). В этой части языкового материала отмечена более высокая частотность использования падежных форм (51,48%) по сравнению с формами числа (38,57%).

8. Достоверность результатов исследования определяется анализом обширного языкового материала. Полученные результаты обладают научной значимостью: они могут быть использованы как при построении теории морфологических категорий, так и при описании стилистических возможностей грамматических единиц. Выводы, сделанные в ходе исследования, могут послужить основой для проведения сопоставительного изучения эстетического потенциала числа и падежа на материале разноструктурных языков.

БИБЛИОГРАФИЯ

I. ИСТОЧНИКИ

1. Вознесенский А.А. Стихотворения. Поэмы. Проза [M]. М.: Олимп и др., 2000.

2. Всемирная эпиграмма: Антология в четырех томах. Т. IV [M]. СПб.: Политехника, 1998.

3. Друнина Ю.В. Ты – рядом, и все прекрасно…[M]. М.: Эксмо, 2014.

4. Евтушенко Е.А. Между городом Да и городом Нет: Стихотворения и поэмы [M]. М.: Эксмо, 2013.

5. Маяковский В.В. Стихотворения. Поэмы. Пьесы [M]. М.: Дрофа, 2007.

6. Национальный корпус русского языка [Электронный ресурс]. – Режим доступа[EB/OL]. http://www.ruscorpora.ru/search-poetic.html (дата обращения: 22.02.23).

7. Русская поэзия «серебряного века», 1890-1917: Антология [M]. М.: Наука, 1993.

8. Крылов И.А. и др. Русская поэзия XIX-XX веков [M]. М.: АСТ: Астрель, 2003.

9. Костров В.А. Русская поэзия XX века: антология. 2-е изд., испр. и доп. [M]. М.: ОЛМА-ПРЕСС, 2001.

10. Цветаева М.И. Избранные сочинения (В 2 т. Т. 1). Стихотворения.

Поэмы. Драматические произведения [М] М.: Литература ООО, 1998.

11. Цветаева М.И. Поэзия; Проза; Драматургия [М]. М.: Слово / Slovo, 2000.

12. Черный Саша. Стихи и проза [М]. Ростов на Дону: Книжное издательство, 1990.

II. СПРАВОЧНЫЕ ИЗДАНИЯ

13. Ахманова О.С. Словарь лингвистических терминов [М]. М.: Советская энциклопедия, 1966.

14. Прохоров А.М. Большая советская энциклопедия. (В 30 томах) [М]. М.: Советская энциклопедия. Т. 3. Бари – Браслет, 1970.

15. Прохоров А.М. Большая советская энциклопедия. (В 30 томах) [М]. М.: Советская энциклопедия. Т. 11. Италия – Кваркуш, 1973.

16. Кузнецов С.А. Большой толковый словарь русского языка [М]. СПб.: «Норинт», 2000.

17. Граудина Л.К., Ицкович В.А., Катлинская Л.П.Грамматическая правильность русской речи. Стилистический словарь вариантов [М]. М.: ООО «Издательство Астрель»: ООО «Издательство АСТ», 2004.

18. Жеребило Т.В. Словарь лингвистических терминов. Изд. 5-е, испр. и доп. [М]. Назрань: ООО «Пилигрим», 2010.

19. Зализняк А.А. Грамматический словарь русского языка. Словоизменение: около 100 000 слов [М]. М.: Русский язык, 1980.

20. Москвин В.П. Выразительные средства современной русской речи: Тропы и фигуры. Общая и частные классификации. Терминологичекий словарь. Изд. 2-е, существ.перераб. и доп. [М]. М.: ЛЕНАНД, 2006.

21. Москвин В.П. Выразительные средства современной русской речи. Тропы и фигуры. Терминологический словарь. Изд.3-е, испр. и доп. [М]. Ростов н / Д: Феникс, 2007.

22. Ожегов С.И., Шведова Н.Ю. Толковый словарь русского языка: 80 000 слов и фразеологических выражений [М]. М.: ООО «А ТЕМП», 2007.

23. Ожегов С.И. Толковый словарь русского языка: Ок. 100000 слов, терминов и фразеологических выражений [М]. Москва: АСТ: Мир и Образование, 2014.

24. Панова Г.И. Современный русский язык. Морфология: словарь-справочник. Часть I. Изд. второе, исп. и доп. [М]. Абакан: Издательство Хакасского государственного университета им. Н.Ф.Катанова, 2003.

25. Панова Г.И. Морфология русского языка: Энциклопедический словарь-справочник [М]. М.: КомКнига, 2010.

26. Караулов Ю.Н. Русский язык. Энциклопедия. 2-е изд., перераб. и доп. [М]. М.: Большая Российская энциклопедия; Дрофа, 1997.

27. Скворцов Л. И. Большой толковый словарь правильной русской речи: 8000 слов и выражений [М]. М.: ООО «Издательство Оникс»: ООО «Издательство «Мир и Образование», 2009.

28. Чернышев В.И. Словарь современного русского литературного языка [М]. Москва; Ленинград: Изд. и 1-я тип. Изд-ва Акад. наук СССР в Л., 1950-1965. 16 т.; 27 см. Т. 12: Р., 1961.

29. Алексеева Л.М. др. Стилистический энциклопедический словарь русского языка [М]. Москва: Флинта: Наука, 2003.

30. Сковородникова А.П. Энциклопедический словарь-справочник. Выразительные средства русского языка и речевые ошибки и недочеты. 3-е изд., стереотип [М]. М.: ФЛИНТА, 2011.

III. ОБЩЕТЕОРЕТИЧЕСКАЯ И СПЕЦИАЛЬНАЯ ЛИТЕРАТУРА

31. Аванесов Р.И., Сидоров В.Н. Очерк грамматики русского литературного языка. Ч. 1. Фонетика и морфология [М]. М.: Учпедгиз, 1945.

32. Авдеев В.И. Категории эстетики. Эстетика: учеб. пособие для вузов

[М]. М.: Центр, 1998.

33. Арутюнова Н.Д. Метафора и дискурс. Теория метафоры [М]. М.: Прогресс, 1990.

34. Арутюнова Н.Д. Язык и мир человека [М]. М., 1999.

35. Аюпова С.Б. Роль грамматической категории числа существительного с пространственным значением в формировании языковой художественной картины мира И.С.Тургенева [J]. Вестник ВЭГУ, 2011 (03).

36. Бахтин М.М. Вопросы литературы и эстетики [М]. М., Худ. лит., 1975.

37. Беззубикова М.В. Дискурсивная образность слова (на материале рассказов и повестей русских писателей XX века): автореф. [D]. Астрахань: АГУ, 2010.

38. Блинова О.Н. Образность как категория лексикологии [М] // Экспрессивность лексики и фразеологии. Новосибирск: НГУ, 1983.

39. Бондарко А.В. Теория морфологических категорий [М]. Л.: Наука, 1976.

40. Бондарко А.В. Грамматическое значение и смысл [М]. Л.: Наука, 1978.

41. Бондарко А.В. Теория морфологических категорий и аспектуальные исследования [М]. М.: Языки славянских культур, 2005.

42. Борев Ю.Б. Основные эстетические категории [М]. М.: Высш. шк., 1960.

43. Борев Ю.Б. Эстетика. 4-е изд., доп. [М]. М.: Политиздат, 1988.

44. Борисова Е. Б. О содержании понятий «художественный образ» и «образность» в литературоведении и лингвистике [J]. Вестник Челябинского государственного университета, 2009 (35).

45. Брусенская Л.А. О распределительном значении форм единственного числа существительных [J]. Русский язык в школе, 1986 (06).

46. Бычков В.В. Эстетика [M]. М.: Гардарики, 2002.

47. Бычков В.В. Эстетика: учебник [M]. М.: КНОРУС, 2012.

48. Валгина Н. С. Теория текста: Учебное пособие [M]. М.: Логос, 2003.

49. Винарская Е.Н. Выразительные средства текста (на материале русской поэзии): учеб. пособие [M]. М.: Высшая школа, 1989.

50. Виноградов В.В. К спорам о слове и образе [J]. Вопросы литературы, 1960 (05).

51. Виноградов В.В. Наука о языке художественной литературы и ее задачи (на материале русской литературы) [M]. М., 1958.

52. Виноградов В.В. Об омонимии и смежных явлениях [J]. Вопросы языкознания, 1960 (05).

53. Виноградов В.В. Русский язык (Грамматическое учение о слове) [M]. М.: Высш. шк., 1986.

54. Винокур Г.О. О языке художественной литературы: учеб. пособие для филол. спец. вузов [M]. М.: Высш. шк., 1991.

55. Гальперин И.Р. Избранные труды [M]. М.: Высшая школа, 2005.

56. Гальперин И.Р. Очерки по стилистике английского языка [M]. М.: Издательство литературы на иностранных языках, 1958.

57. Гаспаров М.Л. Современный русский стих. Метрика и ритмика [M]. М.: Наука, 1974.

58. Гин Я.И. Внутренняя форма языка и формирование эстетической культуры человека [M] // Проблемы поэтики грамматических категорий: Избранные работы. СПб.: Академ. проект, 1996.

59. Гин Я.И. Проблема поэтики грамматических категорий: Избранные

работы [М] // Проблемы поэтики грамматических категорий: Избранные работы. СПб.: Академ. проект, 1996.

60. Гинзбург Л.Я. О лирике [М]. М.: Интрада, 1997.

61. Глазунова О.И. Логика метафорических преобразований [М]. СПб.: Питер, 2000.

62. Голуб И.Б. Грамматическая стилистика современного русского языка: учебное пособие [М]. М.: Высш. шк., 1989.

63. Голуб И.Б. Стилистика русского языка. 11-е изд. [М]. М.: Айрис-пресс, 2010.

64. Граудина Л.К. Вопросы нормализации русского языка. Грамматика и варианты [М]. М.: Издательство «Наука», 1980.

65. Григорьев В.П. Поэтика слова: На материале русской советской поэзии [М]. М.: Наука, 1979.

66. Гусев С.С., Тульчинский Г.Л. Проблема понимания в философии: Филос. -гносеол. анализ [М]. М.: Политиздат, 1985.

67. Дегтярев В.И. Категория числа в славянских языках: (историко-семантическое исследование) [М]. Ростов: Изд-во Ростовского университета, 1982.

68. Дземидок Б. О комическом [М]. М.: Прогресс, 1974.

69. Донецких Л.И. Эстетические функции слова [М]. Кишинев: Штиинца, 1982.

70. Ефимов А.И. Стилистика русского языка [М]. М.: Просвещение, 1969.

71. Ефимов А.И. Стилистика художественной речи [М]. М.: Изд-во Моск. ун-та, 1961.

72. Жолобов О.Ф. История двойственного числа и квантитативных конструкций в русском языке: автореф. [D]. Москва: КФУ, 1998.

73. Заика В.И. Об эстетической реализации языка [J]. Вестник Новгород. гос. ун-та им. Ярослава Мудрого. Сер. Гуманитарные науки, 2000 (15).

74. Зализняк А.А. Русское именное словоизменение [M]. М.: Наука, 1967.

75. Зубова Л.В. Современная русская поэзия в контексте истории языка [M]. М., 2000.

76. Ионова И.А. Морфология поэтической речи [M]. Кишинев: Штиинца, 1988.

77. Исаченко А.В. Грамматический строй русского языка в сопоставлении со словацким. Морфология. 2-е изд. [M]. Братислава, 2003.

78. Исаченко А.В. О грамматическом значении [J]. Вопросы языкознания, 1961 (01).

79. Клобуков Е.В. Семантика падежных форм в современном русском литературном языке: Введение в методику позиционного анализа [M]. М.: Изд-во Московского университета, 1986.

80. Клобуков Е.В. Теоретические проблемы русской морфологии [M]. М.: Изд-во Моск. ун-та, 1979.

81. Ковалев В.П. Выразительные средства художественной речи [M]. Киев: Рад. шк., 1985.

82. Ковалевская Е.Г. Эстетические возможности слов с коннотативным значением [M] // Семантические и эстетические модификации слов в тексте. – Л., 1988.

83. Корнеева Т.А. Семантико-стилистические закономерности функционирования форм люди и человеки в произведениях А.Н.Радищева и А.С.Пушкина [M] // Русская и сопоставительная филология. Системно-функциональный аспект. Казань: КГУ, 2003.

84. Кулаева Г.М. Эстетический идеал в системе формирования ценностного отношения учащихся к русскому языку: автореф. [D]. М.: МПГУ, 2008.

85. Курилович Е. Проблема классификации падежей [M] // Очерки по лингвистике. М.: Изд-во иностр.лим, 1962.

86. Ларин Б.А. Эстетика слова и язык писателя [M]. Л.: Худож. лит., 1974.

87. Лелис Е.И. Эстетические функции ключевых слов (на материале рассказов А.П.Чехова): автореф. [D]. Казань: КГУ, 2000.

88. Линтвар О.Н. К вопросу о классификациях выразительных средств языка и стилистических приемов [J]. Филологические науки. Вопросы теории и практики. Тамбов: Грамота, 2013 (12).

89. Лотман Ю.М. Анализ поэтического текста. Структура стиха [M]. М.: Просвещение, 1972.

90. Лотман Ю.М. О поэтах и поэзии [M]. СПб.: Искусство-СПБ, 1996.

91. Лукьянова Н.А. О семантике и типах экспрессивных лексических единиц. II. Семантические классы экспрессивов русского языка [M] // Экспрессивность лексики и фразеологии. Новосибирск: НГУ, 1983.

92. Лукьянова Н.А., Черемисина М.И. Образность как характеристика значения слова [M] // Синтаксическая и лексическая семантика. Новосибирск: Наука, 1986.

93. Ляшевская О.Н. Семантика русского числа [M]. М.: Языки русской культуры, 2011.

94. Маринова Е.В. Эстетическая значимость речевой организации в поэтическом тексте [M] // Актуальные вопросы русистики и общего языкознания. Н. Новгород: Изд-во Нижегор. ун-та, 1999.

95. Матвеева Е.Н. Коммуникативно обусловленное эстетическое

значение слова в поэзии (на материале поэзии Игоря Северянина): автореф. [D]. Барнаул: Алм.гос.ун-т, 2009.

96. Мезенин С.М. Образность как лингвистическая категория [J]. Вопросы языкознания, 1983 (06).

97. Милославский И.Г. Морфологические категории современного русского языка [M]. М.: Просвещение, 1981.

98. Михлина М.П. О некоторых приемах создания комического эффекта [M] // Ученые записки Душанбин. пед. ин-та. Душанбе, 1962.

99. Москвин В.П. К типологии речевых образов [M] // Известия АН. Сер. литературы и языка, 2004.

100. Мучник И.П. Грамматические категории глагола и имени в современном литературном языке [M]. М.: Наука, 1971.

101. Никитина С.Е., Васильева Н.В. Экспериментальный системный толковый словарь стилистических терминов [M]. М.: Рос. акад. наук, Ин-т языкознания, 1996.

102. Новиков Л.А. Художественный текст и его анализ [M]. М.: Рус. яз., 1988.

103. Новиков Л.А. Значение как эстетическая категория языка [M] // Избранные труды: в 2 т. Т. II. Эстетические аспекты языка. Miscellanea. М.: Изд-во РУДН, 2001.

104. Новиков Л.А. Структура эстетического знака и остраннение [M] // Избранные труды: в 2 т. Т. II. Эстетические аспекты языка. Miscellanea. М.: Изд-во РУДН, 2001.

105. Новиков Л.А. Таксономия омонимии [M] // Избранные труды: в 2 т. Т. II. Эстетические аспекты языка. Miscellanea. М.: Изд-во РУДН, 2001.

106. Новиков Л.А. Феномен эстетического в языке. Опыт аналитического синтеза [M] // Избранные труды: в 2 т. Т. II. Эстетические аспекты языка.

Miscellanea. М.: Изд-во РУДН, 2001.

107. Панова О.Л. Коммуникативно-прагматические средства создания речевой образности в современном драматургическом тексте, 60-80-е гг. XX века: автореф. [D]. Волгоград: ВГПУ, 2001.

108. Пешковский А.М. Русский синтаксис в научном освещениий [M]. М.: Учпедгиз, 1938.

109. Плотникова В.А. Имя существительное [M] // Русская грамматика: в 2 т. Т. 1. М.: Наука, 1980.

110. Плотникова В.А. Морфология. Введение [M] // Русская грамматика: в 2 т. Т. 1. М.: Наука, 1980.

111. Плунгян В.А. Общая морфология: Введение в проблематику: учеб. пособие [M]. М.: Эдиториал УРСС, 2000.

112. Поливанова А.К. Выбор числовых форм существительных в русском языке [M] // Проблемы структурной лингвистики. М.: Наука, 1981.

113. Потебня А.А. Из записок по теории словесности [M]. Харьков: Паровая типография и литография, 1905.

114. Потебня А.А. Мысль и язык [M] // Русская словесность. От теории словесности к структуре текста. Антология. М.: Academia, 1997.

115. Потебня А.А. Теоретическая поэтика [M]. М.: Высш. шк., 1990.

116. Потебня А.А. Эстетика и поэтика [M]. М.: Искусство, 1976.

117. Ковтунова И.И. и др. Поэтическая грамматика. Том I [M]. М.: ООО Издательский центр «Азбуковник», 2005.

118. Приходько В.К. Выразительные средства языка: учеб. пособие для студ. высш. учеб. заведений [M]. М.: Издательский центр «Академия», 2008.

119. Ревзин И.И. Так называемое «немаркированное множественное число» в современном русском языке [J]. Вопросы языкознания, 1969 (03).

120. Ревзина О.Г. Категория числа в поэтическом языке [M] // Актуальные

проблемы русской морфологии (Публикация лаборатории «Русский язык и русская литература в современном мире» филологического факультета МГУ). М.: Изд-во МГУ, 1988.

121. Ревзина О.Г. Общая теория грамматических категорий [М] // Структурно-типологические исследования в области грамматики славянских языков. М., Издательство «Наука», 1973.

122. Ревзина О.Г. Системно-структурный подход в лингвистической поэтике и проблемы описания поэтического идиолекта: дис. в форме науч. докл. д-ра филол. наук [М]. М., 1998.

123. Реформатский А.А. Число и грамматика [М] // Лингвистика и поэтика. М., 1987.

124. Шведова Н.Ю. Русская грамматика. Т. 1: Фонетика. Фонология. Ударение. Интонация. Словообразование. Морфология [М]. М.: Наука, 1982.

125. Панова М.В. Русский язык и советское общество: Социолого-лингвистическое исследование. Кн. 1-4 [М]. М.: Наука, 1968.

126. Рюмина М.А. Тайны смеха или Эстетика комического [М]. М.: Знак, 1999.

127. Семенова Е.В., Немчинова Н. В. Стилистика английского языка: учеб. пособие [М]. Красноярск: Сибирский федеральный ун-т, 2017.

128. Сквородников А.П., Копнина Г.А. Образность [М] // Стилистический энциклопедический словарь русского языка. М.: Флинта: Наука, 2003.

129. Сквородников А. П. Риторический прием [М] // Стилистический энциклопедический словарь русского языка. М.: Флинта: Наука, 2003.

130. Смирнов Ю.Б. Имя существительное [М] // Морфология современного русского языка: учебник для высших учебных заведений Российской Федерации. СПб.: Филологический факультет СПбГУ, 2013.

131. Стариченка В.Д. Современный русский литературный язык: учеб.

пособие [М]. Минск: Выш. шк., 2012.

132. Солнцев В.М. Вариантность [М] // Русский язык: Энциклопедия. М.: Большая Российская Энциклопедия; Дрофа, 1998.

133. Суперанская А.В. Общая теория имени собственного [М]. М.,: Наука, 1973.

134. Супрун В.И. Ономастическое поле русского языка и его художественно-эстетический потенциал: автореф. [D]. Волгоград: ВГПУ, 2000.

135. Устинова Т.В. Категоризация родительного падежа в стихах Александра Скидана: аспекты конструирования значения [J]. Филология и культура, 2015 (03).

136. Федоров А.И. Образная речь [М]. Новосибирск: Наука, 1985.

137. Филлмор Ч. Дело о падеже. Перевод с английского Е.Н.Саввиной [М] // Новое в зарубежной лингвистике. Выпуск 10. Лингвистическая семантика. М.: Прогресс, 1981.

138. Прохорова Т.Г. Формы комического в русской литературе XX века: сб. статей [М]. Казань: Казан, гос. ун-т, 2004.

139. Хазагеров Т.Г., Ширина Л.С. Общая риторика: Курс лекций: Словарь риторических приемов [М]. Ростов н / Д.: Феникс, 1999.

140. Хайрутдинова Г.А. Лексические и морфологические средства отражения возвышенного (на материале произведений русской литературы) [М] // Научное наследие В.А.Богородицкого и современный вектор исследований Казанской лингвистической школы: тр. и матер. междунар. конф. (Казань, 31 окт. – 3 нояб. 2016 г.): в 2 т. Казань: Изд-во Казан. ун-та, 2016.

141. Хайрутдинова Г.А. Эстетика морфологических средств русского языка [М]. Казань: Изд-во Казан. гос. ун-та, 2004.

142. Хайрутдинова Г.А. Эстетические ресурсы морфологических

средств русского языка: автореф [D]. Казань: КФУ, 2009.

143. Хайрутдинова Г.А. Эстетические ресурсы русского языка [M]. Казань: Изд-во Казан. ун-та, 2016.

144. Харченко В.К. Разграничение оценочности, образности, экспрессии и эмоциональности в семантике слова [J]. Русский язык в школе, 1976 (03).

145. Харченко В.К. Эстетика народной приметы [J]. Русский язык в школе, 1997 (04).

146. Ходакова Е.П. О каламбуре [J]. Русский язык в школе, 1968 (03).

147. Холшевников В.Е. Основы стиховедения: Русское стихосложение: Учеб. пособие для студ. Филол. фак. вузов. – 4-е изд., испр. и доп. [M]. СПб.: Филологический факультет СПбГУ; М.: Издательский центр «Академия», 2002.

148. Черемисина Н.В. Вопросы эстетики русской художественной речи [M]. Киев: Вища школа, 1981.

149. Чернец Л.В. Виды образа в литературном произведении [J]. Филологические науки, 2003 (04).

150. Чеснокова Л.Д. Современный русский язык: Теория. Анализ языковых единиц: учебник для студ. высш. учеб. заведений: В 2 ч. Ч. 2. Морфология. Синтаксис. 3-є изд., стер. [M]. М.: Академия, 2008.

151. Шаталов С.Е. Комические имена как элемент юмористического стиля А.П.Чехова [J]. Русский язык в школе, 1960 (01).

152. Шахматов А.А. Историческая морфология русского языка. Предисловие и примечания С.П.Обнорского [M]. М.: Учпедгиз, 1957.

153. Шестаков В.П. Эстетические категории: Опыт систематического и исторического исследования [M]. М.: Искусство, 1983.

154. Шмелев Д.Н. Слово и образ [M]. М.: Наука, 1964.

155. Шорникова И.А. Употребление множественного числа имен

собственных как способ создания экспрессивности в газетном тексте [J]. Вестник Московского государственного областного университета. Серия: Русская филология, 2010 (01).

156. Шпет Г.Г. Сочинения [M]. М.: Правда, 1989.

157. Шпет Г.Г. Эстетические фрагменты (Ч. 1) [M]. Пг.: Колос, 1922.

158. Шпет Г.Г. Эстетические фрагменты (Ч. 2) [M]. Пг: Колос, 1923.

159. Шпет Г.Г. Эстетические фрагменты (Ч. 3) [M]. Пг.: Колос, 1923.

160. Щербина А.А. Сущность и искусство словесной остроты (каламбура). К вопросу о специфике языкового мастерства в русской советской комедии [M]. Киев: Изд-во АН УССР, 1958.

161. Юрина Е.А. Категория образности: проблемы лексикологической интерпретации и перспективы исследования [J]. Вестник ТГПУ, 2000 (03).

162. Юрина Е.А. Комплексное исследование образной лексики русского языка [M]. Томск: ТГУ, 2004.

163. Юрина Е.А. К вопросу об интерпретации термина «языковой образ» в лексической семантике [J]. Вестник Томского государственного университета: Бюллетень оперативной научной информации, 2004 (38).

164. Юрина Е.А. Образное слово в тексте [J]. Вестник Томского государственного университета: Бюллетень оперативной научной информации, 2004 (38).

165. Якобсон Р.О. Лингвистика и поэтика [M] // Структурализм: «за» и «против». М.: Прогресс, 1975.

166. Якобсон Р.О. Избранные работы [M]. М.: Прогресс, 1985.

167. Якобсон Р.О. Заметки на полях лирики Пушкина [M] // Работы по поэтике: Переводы. М.: Прогресс, 1987.

168. Якобсон Р.О. Вопросы поэтики. Постскриптум к одноименной книге [M] // Работы по поэтике: Переводы. М.: Прогресс, 1987.

169. Якобсон Р.О. Основа славянского сравнительного литературоведения [М] // Работы по поэтике: Переводы. М.: Прогресс, 1987.

170. Якобсон Р.О. Новейшая русская поэзия [М] // Работы по поэтике: Переводы. М.: Прогресс, 1987.

171. Яковлев Е.Г. Эстетика: учеб. пособие для студентов вузов [М]. М.: Гардарики, 1999.

172. Fillmore C.J. The case for case. In: E. Bach and R. T. Harms (eds.), Universals in Linguistic Theory [M]. New York: Holt, Rinehart and Winston, 1968.

173. Neidle C.J. Therole of Case in Russian syntax [M]. Kluwer: Dordrecht, 1988.

ПРИЛОЖЕНИЕ 1

Перечень стилистических приемов, в качестве которых используются формы числа существительных

Аллеотета – фигура контраста, основанная на противопоставлении однокоренных слов или форм слова[1]: *И так нестрашен связанным святым / Палач, в рубашку синюю одетый, / Им хорошо под нимбом золотым, / И здесь есть* **свет**, *и там – иные* **светы**. (Н.Гумилев. «Фра Беато Анджелико»); *Встанет тихо под оконцем: / «О, зачем горят огни? / Умер* **день**, *рожденный солнцем, / Не зажечь другие* **дни**!» (М.Горький. «День сгоревший хороня...»)

Амплификация – фигура пространной речи, состоящая в повторе, «повторе с добавлением деталей» или варьировании номинативных средств: *И, остановив* **часы** *и* **годы**, */ Перепутав* **месяцы** *и* **дни**, */ Сквозь небес полуденную воду / Проступали звездные огни.* (Т.Ратгауз. «Операция»); *И вот они легли меж нами – /* **Леса**, *и* **горы**, *и* **моря**... (А.Твардовский. «Друг детства»); *Мы пишем запоздалые эскизы / К картине, что давно уже готова. /* **Поэты**, *и* **актеры**, *и* **актрисы**, */ Мы кисти окунаем в краску слова.* (Д.Самойлов. «Вариация»); **Бродяги**, **поэты**, **дельцы**, **подлецы** *и* **герои**, – /

---

① Здесь и далее определения стилистических приемов даются с опорой на кн.: Москвин В.П. Выразительные средства современной русской речи. Тропы и фигуры. Терминологический словарь [М]. Ростов н/Д: Феникс, 2007: 100, 104, 106, 114, 121, 127, 193, 198, 274-275, 300, 390-391, 403-407, 566, 593, 645, 646, 692, 718, 804, 934.

Какие ни есть – ты, земля, нас навеки прими. (И.Елагин. «Я правду сполна расскажу – ничего не украшу...»); *За ними кровные братья: / Объятая дивной мечтой, / Движется Красная гвардия, / Одетая кто во что: /* **Польты**, **ватники**, **шкуры**, / **Шляпы**, **кепки**, **шлыки**; / **Литейщики**, / **слесаря**, / **винокуры** / *Идут, навесив штыки.* (И.Сельвинский. «За ними кровные братья...»); *Вот о вас и напишут книжки: / «Жизнь свою за други своя», / Незатейливые* **парнишки** – / **Ваньки**, **Васьки**, **Алешки**, **Гришки**, / **Внуки**, **братики, сыновья!** (А.Ахматова. «Победителям»)

Антанаклаза – повтор слова в разных значениях. Основой антанаклазы могут быть и многозначное слово, и омонимы: *Был перекресток снова тих и пуст, / маячил в полумраке черный куст. /* **Часы** *внизу показывали* **час**. */ Маячил вдалеке безглавый Спас.* (И.Бродский. «В сочельник я был зван на пироги...»); *Я вглядываюсь вам в глаза / И вижу тишь природы доброй, / Христов нерукотворный* **образ**, */ Которого вы* **образа**. (Е.Кузьмина-Караваева. «Гостиничные номера...»)

Антитеза – фигура контраста, основанная на противопоставлении антонимов: *Я тогда рассчитывал на* **счастье**, */ И поэтому всерьез / Я воспринимал свои* **несчастья** – */ Помню, было много слез.* (С.Гандлевский. «Расцветали яблони и груши...»); *Ушел кораблик наш искать покоя. / Но нам нигде покоя не найти, / Нам* **счастья** *полнокровного дороже / Все* **бедствия** *и немощи в пути...* (А.Ладинский. «Посвящение»)

Гипербола – фигура речи, состоящая в преувеличении: *Выше всех* **Эверестов** – */ Мамаев курган! / Зря об этом / в учебниках нет / ни строки.* (Р.Рождественский. «Мамаев курган»); *И утро превратилось в* **моря** *без берегов, /* **Моря** плавучих **тучек**, **ветвей**, **кустов**, **цветов**. / <...> / **Моря** **цветов** *и* **красок**... (К.Бальмонт. «Черемуха»)

Гомеоптотон – вид морфемного повтора, который заключается в нагнетании слов с одинаковыми или близкозвучными окончаниями: *Здесь звон***ы***, туман***ы** *и крик***и***, / Чаровница-мгла и покой / И ангелов чорные лики / Хранит заревой часовой.* (Н.Зарудин. «Московская застольная»); *А я забираю с собою все слез***ы***, / все наши утрат***ы***, / удар***ы***, / угроз***ы**... (О.Берггольц. «Я все оставляю тебе при уходе...»); *А «слез***ы***», «грез***ы***», «роз***ы***», «гроз***ы***» / Редактор мрачно изгонял.* (А.Баркова. «Рифмы»); *Еще мгновенье – он войдет, заглянет / В лес***а***, пол***я***, поемные луг***а**... (В.Луговской. «Обходчик»)

Каламбур – остроумное выражение, в основе которого лежит какой-либо прием языковой игры: *Зарница отшумевшей* **мощи***, / Еле колеблемая медь, / Ты бережешь святые* **мощи***, / Чтоб дольше, дольше не мертветь...* (М.Кузмин. «Равенна»); *Плоды – за хозяев на пиршестве зрения; /* **Цветы** *и* **цвета**, **цвета** и **цветы**... (С.Щервинский. «В мастерской Сарьяна»)

Метонимия – наименование, образованное с помощью метонимического переноса, т.е. на основании пространственных, временных или каузальных связей. Например: *Томимы буднями и страхами, / По всем* **Европам** *и* **Россиям** */ Бредут истошные монахини, / В святое верят воскресенье...* (В.Блаженний. «Вот женщина; она встревожена...»); *Се вызов совершенству всех* **Европ** *– / Наполовину в тишину влюбленный, / Наполовину негодующий...* (П.Васильев. «Весна на кунцевской даче»)

Прономинация – метафорическая фигура, состоящая в экспрессивном использовании имени собственного в значении имени нарицательного: *И такие ль* **Геркулесы** */ С ярким пламенем в глазах, / Попадая в лапы прессы, / Забывали стыд и страх?* (Н.Гумилев. «Низкорослый, большелобый...»); *Из тела и кости пророка не ждем, / Из чрева не выйдут* **Есенины** *и* **Мариенгофы***, / Если даже плоть прольется дождем, / Такой не придет чтобы новые указать кровы.* (А.Мариенгоф. «Анатолеград»);

Многоэтажься, Гиз, / и из здания / слова / печатные / лей нам, / чтоб радовались / **Пушкины** */ своим изданиям, / роскошным, / удешевленным / и юбилейным.* (В.Маяковский. «Шутка, похожая на правду»); *Ну-с, / теперь перегнусь. / Пожалуйста! / Нате! / Соединенные / штат на штате. / Надо мной* **Вашингтоны**, */* **Нью-Йорки**. */ В дыме. / В гаме. / Надо мной океан.* (В.Маяковский. «Приказ №3»); *У господ они слыхали, / Что* **Шекспиры** *презирали – / Надо, значит, и клопу...* (Саша Черный. «Эго-черви»); *...и стало невыносимо ясно: / если не собрать людей пучками рот, / не взять и не взрезать людям вены – / зараженная земля / сама умрет – / сдохнут* **Парижи**, */* **Берлины**, */* **Вены**! (В.Маяковский. «Это случилось в одну из осеней...»); *Неохвачены душ горизонты, / Не вместить, не расчислить их даже, / Наши* **Брюсовы**, **Блоки**, **Бальмонты** */ Только купола – первые стражи.* (Н.Тихонов. «Неохвачены душ горизонты...»); *Из избы вытекают межи, /* **Ломоносовы**, **Ермаки**... */ Убежать в половецкие вежи / От валдайской ямщицкой тоски!* (Н.Клюев. «Из избы вытекают межи...»)

Рифма – вид парономазии, выступающий в стихомаркирующей функции и представляющий собой созвучие двух слов, стоящих на конце стиха. Например: *И в укрепленье чьих-то* **воль** */ Здесь героическую* **роль** */ Всему дает воспоминанье, / Что причиняло раньше* **боль**. (В.Шаламов. «Копье Ахилла»); *Упершись в* **боки**, */ Глуха к содеянному злу, / Отвесила поклон* **глубокий** */ Печь.* (П.Антокольский. «Памятник Гоголю»); *Разве по ристалищам бродят* **учители**? */ Разве не живут они в безмятежной* **обители**? (М.Кузмин. «Учитель»); *Обоим выпал жребий трудный, / А для отца его* **сыны**, */ И добродетельный, и блудный, / Не по достоинствам* **равны**. (А.Штейнберг. «К верховьям»); *Вам снился Блок, и молодость, и море, / И яхты легкой легкие* **крыла**, */ И Вы толчок ей дали – и в просторе / Она бесповоротно* **поплыла**... (Г.Шенгели. «Анне Ахматовой»)

Синекдоха – метонимическая фигура, состоящая в переносе с целого на часть или с части на целое: *Надо знать, под какую можно / На горе садиться сосну / И что в древнем лесном законе /* **Человек** *– самый страшный* **зверь**... (Л.Алексеева. «Там, внизу, в городке счастливом...»); **Рабочий** *не сыт. /* **Крестьянин** *мрачен. / Полураздетая мерзнет страна.* (В.Маяковский. «Ответ»); *Когда умирает* **птица**, */ в ней плачет усталая пуля*... (И.Жданов. «Когда умирает птица…»); *Рожь густая недожата, / Осыпается* **зерно**. */ Глянешь в небо через хаты: / Небо в землю влюблено!* (П.Орешин. «Страда»); *Я умру, а он все будет петь, – / В диких вишнях соловьиный голос, / Так же будут облака лететь / И к земле клониться спелый* **колос**... (Н.Крандиевская «Я умру, а он все будет петь…»)

Солецизм – грамматическая неправильность речи: *Все, на что он пошел и решился, / продолжалось один момент. / Стульев хлопающий* **аплодисмент**. */ И с зияющего, как рана, / полотна киноэкрана / исчезают тени его.* (Б.Слуцкий. «Судьба»); *Поверьте:* **алимент** */ Нечистый не уплотит, / Он скучен, зол и прост, / Стоит, повесив хвост – / Бес нынче безработен.* (И.Юрков. «Комедия»)

Эхо-рифма – разновидность рифмы, характеризующейся тем, что одно из двух рифмующихся слов полностью включено в другое. Например: *К чему же нам сказки / Дочитывать нужно зевая / До самой развязки? / К чему нам огромные* **томы**? */ Ведь в книгах поэтов / Ни нашей любви не найдем* **мы**, */ Ни наших портретов?..* (В.Ходасевич. «На этих прочтенных страницах...»); *Иная или* **та** */ Сотрется пелена, / Что в прошлые* **лета** */ Легла на имена.* (Л.Мартынов. «Людские имена»)

ПРИЛОЖЕНИЕ 2

Перечень стилистических приемов, в качестве которых используются падежные формы существительных

Амплификация – фигура пространной речи, состоящая в повторе. Например: *Берет – / как* **бомбу**, */ берет – / как* **ежа**, */ как* **бритву** */ обоюдоострую, / берет, / как гремучую / в 20 жал /* **змею** */ двухметроворостую.* (В.Маяковский. «Стихи о советском паспорте»); *Она летала как попало, / но не оставила зазора / ни* **между севером** *и* **югом**, */ ни* **между Дарвином** *и* **Брутом**, */ как и* **диаметром** *и* **кругом**, */ как и* **термометром** *и* **спрутом**, */* **между Харибдой** *и* **калибром**, */ как* **между Сциллой** *и* **верлибром**, */ как* **между Беллой** *и* **Новеллой**, */ как и* **новеллой** *и* **Новеллой**. (А.Еременко. «В глуши коленчатого вала...»); *Он ушел в никуда, ничего не оставив на память – / Ни* **звезды**, *ни* **следа**, *ни горящего в поле* **куста**... (В.Блаженный. «Это вы мне сказали, что нет больше Бога на свете...»); *Гляди* **на** *нежные* **соцветия**, */* **На** *отдаленные* **созвездия**, */* **На знаки** *смерти и бессмертия, /* **На** *облачное* **поднебесье**. (И.Чиннов. «Спор сумасшедших с полоумными...»); *Так шагни* **в** *этот* **зев**, *затаивший последнее слово, /* **в** *этот ложный* **ответ** *на его же пустую загадку, /* **в** *этот* **лжелабиринт** *и подобие вечного крова, /* **в** *этот* **свет-пересмешник**, *сведенный к немому остатку.* (И.Жданов. «Ниша и столп»)

Амфитеза – фигура контраста, которая используется для описания целого путем указания на его крайние точки: **От неба до земли** *лучи* *гуляют. / Те лучики натянуты, как нити, / И это будто там, где я родился...* (В.Луговской. «Сказка о дедовой шубе»); *...молча* **от моря до моря** */ всемирные крылья раскрыв / хищная птица летела...* (В.Кривулин. «По течению песни»); *Я бродил бесконечными нивами, / меж хлебов,* **от межи до межи**... (Е.Тарасов. «Меж хлебов»); *Днем все /* **От стариков** */* **До** *малых* **ребят** */ Строят аппарат...* (И.Холин. «Норы и Эли»); *И в санях протащится судьба, / лошадь ступит в яму невпопад. / Но оденет добрая изба / тело мне* **от головы до пят**. (С.Петров. «Я совсем случаен, одинок...»); *Меж столом и кроватью, / как между ветвей, /* **от утра до заката** */ снует воробей.* (Я.Смеляков. «В небольшой комнатушке / с огромным окном...»)

Анафора – повтор начальной части речевых единиц (звука, морфемы, слова, синтаксической конструкции): **Свет** */ Во всем и везде /* **Свет** */ Идущий / От Земли к Звезде /* **Свет** */ Из глаз подъемного крана /* **Свет** */ Из глубины океана /* **Свет** */ Создавший / Нашу Планету /* **Свет** */ Родивший поэта* (И.Холин. «Свет...»)[①]; *Плыть, плыть, плыть /* **Мимо** *могильных* **плит**, */* **Мимо** *церковных* **рам**, */* **Мимо** *семейных* **драм**... (Н.Рубцов. «В жарком тумане дня...»); *Живу на одной половице /* **С судьбой** *без последней страницы, /* **С туманом** *морским и табачным, /* **С бурьяном** *степным и чердачным, /* **С краюшкой**, *которая скачет, /* **С подушкой**, *которая плачет...* (Ю.Кузнецов. «Живу на одной половице...»); *У них уже вошло в привычку / влюбляться в женщину шутя: /* **под стук** *колес, /* **под вспышку** *спички, /* **под шум** *осеннего дождя.* (Я.Смеляков. «Катюша»)

Антанаклаза – повтор омонимичных либо многозначных единиц в разных значениях: *В украшенном рельефным кораблем, / загроможденном*

① Здесь и в других примерах сохранена пунктуация автора.

маленьком **покое**, */ в* **покое**, *не встречающем рублем, / оставили врачи ее в* **покое**. (А.Присманова. «Горло»); *Но отмечены тайными знаками / Неземной и божественной* **мощи** */ Чудеса, что бывают над раками, / Где покоятся древние* **мощи**. (Е.Кузьмина-Караваева. «Наше время еще не разгадано...»)

Генитивная метафора – метафора, в которой опорное слово представлено существительным в форме родительного падежа: *Напрасно молят, стонут, мечутся, / Напрасно рвут кольцо личин, / Пока двурогий* **жемчуг месяца** */ Еще в пролетах различим.* (Д.Андреев. «Велга»); *Я ж все помню – ласку рта-коралла, /* **Сумрак глаз** *и* **золото волос**. (М.Зенкевич. «Ты, смеясь, средь суеты блистала...»); *Смотри, как узкий* **серп луны** */ Серебряные тучки режет, / Как прихоть блещущей волны / Пески желтеющие нежит.* (Ф.Сологуб. «Войди в меня, побудь во мне...»); *Куст каких-то ядовитых роз / Я взрастил поэзии на смену. / Мир земной, ведь это* **море слез**... (Ю.Одарченко. «Я себя в твореньи перерос...»); *Свивши тучи в кудель и окутав горные щели, / Ветер, рыдая, прядет тонкие* **нити дождя**. (М.Волошин. «Темны лики весны. Замутились влагой долины...»); *Уклони от меня, уклони /* **Звезды глаз** *прекрасных и нежных, / Ибо сонмом порывов мятежных / Окрылили меня они.* (Д.Семеновский. «Песнь песней»); *И вершины скользят, как изгибы ужа, / и срываются в белую* **кровь облаков**. */ И трава замирает в тумане, дрожа, / укрывая себя от своих двойников.* (И.Жданов. «Полустанок. Огни. Это поезд притих...»); *Поверх лотков /* **Гора корзинок**, */* **Пластинок**, **крынок**, */* **Мотков**, **платков**... (И.Елагин. «Блошиный рынок»)

Гомеоптотон – вид морфемного повтора, состоящего в нагнетании слов с одинаковыми или близкозвучными окончаниями. Например: ... *Ты в поход***е**, *ты в труд***е**, */ Ты в дежурств***е**, *в караулк***е** *– / Ты всегда и* *ты везде.* (А.Безыменский. «Утром ранним за винтовки...»); *...другие дети / Бессмертный отзвук для себя нашли / В писател***е***, художник***е***, поэт***е***...* (М.Вега. «Война промчалась огненной грозою...»); *Вы были издавна, развесистые сосны, / И дум***ам***, и мечт***ам***, и песн***ям** *плодоносны...* (Ю.Верховский. «Сосны»); *И годы, годы с их мечт***ами***, / Труд***ами***, / войн***ами***, / смерт***ями** *– / Вся жизнь его, / Вся жизнь моя...* (А.Твардовский. «Друг детства»); *За снег***ами***, лес***ами***, степ***ями***, / Твоего мне не видно лица.* (А.Блок. «Новая Америка»); *...В степ***ях***, в коп***ях***, в дом***ах***, в ум***ах***, – / Какой во всем простор гигантский!* (Б.Пастернак. «В разгаре хлебная уборка...»); *О, сколько их в плененных город***ах***! / Над всей Европою насильственно воздетых, – / На башн***ях***, академи***ях***, суд***ах***, / Парламент***ах** *и университет***ах***, / На ратуш***ах***, музе***ях***, крепост***ях** *– / Все тот же издевающийся стяг...* (И.Елагин. «Они прошли по тысяче дорог...»)

Именительный темы – прием акцентирования, состоящий в вынесении существительного, обозначающего предмет мысли, на первое место в высказывании для особенного выделения. Например: **Россия** *– в слове том не только славы / Наперсники – великие года, / В нем строгая приподнятость державы / И теплота родимого гнезда.* (И.Эренбург. «Россия – в слове том не только славы...»); **Мир***! Всем священно это имя / И всем его желанна весть, / Но не кровавыми твоими / Ее устами произнесть!* (Г.Иванов. «Германии»)

Метаморфоза – сравнение, выраженное творительным падежом: *Серебряным* **лебедем** */ Солнце всплывало / По глубокому озеру / Синих небес.* (В.Каменский. «Ночь лесная»); *Но* **птицей** *летит крылатою, / Волнующе и бушующе, / Все то, что я напишу еще!* (Л.Мартынов. «О ты...»); *Он, сам себя сравнивший с конским глазом, / Косится, смотрит, видит, узнает, / И вот уже расплавленным* **алмазом** */ Сияют лужи, изнывает* *лед.* (А.Ахматова. «Борис Пастернак»); *Сигурд, Сигурд, ты звался Чудом, / Ты смело в Мире шел, / Ты видел Землю* **изумрудом**, */ И пел тебе орел.* (К.Бальмонт. «Сигурд»); *И слушали, как пели поезда, / в ночную уходящие пустыню; / а грудь была торжественно пуста, / и сердце* **рыбой** *билось на простынях.* (Т.Ратгауз. «Бессонница»)

Полиптот – повторение слова в разных грамматических формах: ... *Стыдно морде шею повернуть, /* **К стыду** *она не вправе повернуться, / И* **от стыда** *не в силах увильнуть, / И* **со стыдом** *не может отвернуться...* (Б.Божнев. «Утро после чтения «Братьев карамазовых»»); *О, виденья* **весны**, *вы со мной, вы со мной! / Расскажите вы мне, что зовется* **весной**? */ Что такое* **весна**? (М.Лохвицкая. «Что такое весна?»)

Риторическое обращение – речевой акт, представляющий собой эмоциональное обращение к тому, кто не может дать ответ, к отсутствующему, умершему или воображаемому лицу. Например: **Москва**! *Величавая наша столица... / Но разве в этом одном твоя сила?* (И.Сельвинский. «Москва! Величавая наша столица...»); *О,* **Русь!** *Утерянная скиния, / Куда нам заповедан вход, / Среди снегов в узорах инея, / Где вьюг нестроен хоровод: / В лесной глуши ты дышишь тайною, / Как кипарисовый киот, / И лишь тропинкою случайною / Наш вестник до тебя дойдет.* (М.Коростовец. «Россия»)

Рифма – вид парономазии, выступающий в стихомаркирующей функции. Например: *И чем согреет* **жарче** */ Меня нежданный день, / Тем строже слышу: «***Старче***, / Близка ночная сень!»* (Ю.Верховский. «Напиток новый сладок...»); *Мы стоим стеною –* **деревами**, */ наши песни, фабрики, дела, / и нефтепроводами и* **рвами** */ нефть ли, кровь ли наша потекла.* (Б.Корнилов. «Смерть»); *И что тебе прохладный шелест крылий, / Коль выстрелы мигают на* **углах**, */ Коль дождь сечет, коль в ночь автомобили*

/ На нетопырьих мечутся **крылах**. (Э.Багрицкий. «Александру Блоку»); *Где было место богов и земных дев* **виру**, */ Там в лавочке продают* **сыру**. (В.Хлебников. «Крымское»); *Клубы / Нью-Йорка / раскрылись в сроки, / раз / не разнился / от других* **разов**. */ Фармацевт / сиял, / убивши в покер / флеш-роялем / – четырех* **тузов**. (В.Маяковский. «Пролетарий, в зародыше задуши войну!»)

Солецизм – грамматическая неправильность речи: *Он считает: сколько* **время** *прошло, / Сколько дней без солнца и ночей, / С тех пор, как стало тяжко жить / И спать, тяжело дыша.* (П.Васильев. «Я полон нежности к мужичьему сну...»); *Сквозь стеклянные двери террасы / Сколько звезд, сколько* **мечт**, *по душе, как по небу скользит, / В уголках ваших губ уже первые тучи гримасы / И из них эти ливни липких слов и обид...* (В.Шершеневич. «Имажинистический календарь»)

Хиазм – повтор двух речевых компонентов, сопровождаемый инверсией: *...Несутся звезды в пляске, в тряске, / Звучит оркестр, поет дурак, / Летят алмазные подвязки /* **Из мрака в свет, из света в мрак**. (В.Ходасевич. «Звезды»); *Ночные тени лежат в больницах, окопах, тюрьмах. /* **Над горем мира, над миром горя** *лишь ветер ночи.* (И.Чиннов. «Одним забавы, другим заботы. Затем забвенье...»)

Эхо-рифма – такая разновидность рифмы, когда одно из двух рифмующихся слов полностью включено в другое. Например: *Александр Сергеевич, я о Вас* **скучаю**. */ С Вами посидеть бы, с Вами выпить* **чаю**. */ Вы бы говорили, я б, развесив уши, / Слушал бы и слушал...* (Г.Иванов. «Александр Сергеич, я о вас скучаю...»); *В ранний час, в мою теплую* **негу** */ Долетают с мороза слова, – / Вон, на дворик, распухший от* **снегу**, */ Привезли из деревни дрова.* (П.Сухотин. «В ранний час, в мою теплую негу...»); *Мальчик маленький в кроватке, / Бури озверелый* **рев**. */*

Каркающих стай девятки / Разлетаются с **дерев**. (Б.Пастернак. «Старый парк»); *Я черных душ вожатый бледный, / я пастырь душ, лишенных* **крыл**, */ я, призрак смутный и бесследный, / лишь двери Рая им* **раскрыл**. (Эллис. «Ангел Преддверия»)